Kate Binchy

GW01466540

COLLECTION POÉSIE

YVES BONNEFOY

# Les planches courbes

*précédé de*

Ce qui fut sans lumière

Début et fin de la neige

Là où retombe la flèche

La Vie errante

Une autre époque de l'écriture

Remarques sur le dessin

**nrf**

GALLIMARD

# CE QUI FUT
# SANS LUMIÈRE

*For as well the Pillar of* Cloud *as that of* Fire (…)

John DONNE

I

# LE SOUVENIR

Ce souvenir me hante, que le vent tourne
D'un coup, là-bas, sur la maison fermée.
C'est un grand bruit de toile par le monde.
On dirait que l'étoffe de la couleur
Vient de se déchirer jusqu'au fond des choses.
Le souvenir s'éloigne mais il revient,
C'est un homme et une femme masqués, on dirait qu'ils tentent
De mettre à flot une barque trop grande.
Le vent rabat la voile sur leurs gestes.
Le feu prend dans la voile, l'eau est noire.
Que faire de tes dons, ô souvenir,

Sinon recommencer le plus vieux rêve,
Croire que je m'éveille ? La nuit est calme,
Sa lumière ruisselle sur les eaux,
La voile des étoiles frémit à peine
Dans la brise qui passe par les mondes.
La barque de chaque chose, de chaque vie
Dort, dans la masse de l'ombre de la terre,

Et la maison respire, presque sans bruit,
L'oiseau dont nous ne savions pas le nom dans la vallée
À peine a-t-il lancé, on dirait moqueuses
Mais non sans compassion, ce qui fait peur,
Ses deux notes presque indistinctes trop près de nous.
Je me lève, j'écoute ce silence,
Je vais à la fenêtre, une fois encore,
Qui domine la terre que j'ai aimée.
Ô joies, comme un rameur au loin, qui bouge peu
Sur la nappe brillante ; et plus loin encore
Brûlent sans bruit terrestre les flambeaux
Des montagnes, des fleuves, des vallées.
Joies, et nous ne savions si c'était en nous
Comme vaine rumeur et lueur de rêve
Cette suite de salles et de tables
Chargées de fruits, de pierres et de fleurs,
Ou ce qu'un dieu voulait, pour une fête
Qu'il donnerait, puisque nous consentions,
Tout un été dans sa maison d'enfance.

Joies, et le temps qui vint au travers, comme un fleuve
En crue, de nuit, débouche dans le rêve
Et en blesse la rive, et en disperse
Les images les plus sereines dans la boue.
Je ne veux pas savoir la question qui monte
De cette terre en paix, je me détourne,
Je traverse les chambres de l'étage
Où dort toute une part de ce que je fus,
Je descends dans la nuit des arches d'en bas
Vers le feu qui végète dans l'église,
Je me penche sur lui, qui bouge d'un coup

Comme un dormeur que l'on touche à l'épaule
Et se redresse un peu, levant vers moi
L'épiphanie de sa face de braise.
Non, plutôt rendors-toi, feu éternel,
Tire sur toi la cape de tes cendres.
Réacquiesce à ton rêve, puisque tu bois
Toi aussi à la coupe de l'or rapide.
L'heure n'est pas venue de porter la flamme
Dans le miroir qui nous parle dans l'ombre,
J'ai à demeurer seul. J'ouvre la porte
Qui donne sur les amandiers dont rien ne bouge,
Si paisible est la nuit qui les vêt de lune.

Et j'avance, dans l'herbe froide. Ô terre, terre,
Présence si consentante, si donnée,
Est-il vrai que déjà nous ayons vécu
L'heure où l'on voit s'éteindre, de branche en branche,
Les guirlandes du soir de fête ? Et on ne sait,
Seuls à nouveau dans la nuit qui s'achève,
Si même on veut que reparaisse l'aube
Tant le cœur reste pris à ces voix qui chantent
Là-bas, encore, et se font indistinctes
En s'éloignant sur les chemins de sable.

Je vais
Le long de la maison vers le ravin, je vois
Vaguement miroiter les choses du simple
Comme un chemin qui s'ouvre, sous l'étoile
Qui prépare le jour. Terre, est-il vrai
Que tant de sève dans l'amandier au mois des fleurs,
Tant de feux dans le ciel, tant de rayons
Dès l'aube dans les vitres, dans le miroir,

Tant d'ignorances dans nos vies mais tant d'espoirs,
Tant de désir de toi, terre parfaite,
N'étaient pas faits pour mûrir comme un fruit
En son instant d'extase se détache
De la branche, de la matière, saveur pure ?

Je vais,
Et il me semble que quelqu'un marche près de moi,
Ombre, qui sourirait bien que silencieuse
Comme une jeune fille, pieds nus dans l'herbe,
Accompagne un instant celui qui part.
Et celui-ci s'arrête, il la regarde,
Il prendrait volontiers dans ses mains ce visage
Qui est la terre même. Adieu, dit-il,
Présence qui ne fut que pressentie
Bien que mystérieusement tant d'années si proche,
Adieu, image impénétrable qui nous leurra
D'être la vérité enfin presque dite,
Certitude, là où tout n'a été que doute, et bien que chimère
Parole si ardente que réelle.
Adieu, nous ne te verrons plus venir près de nous
Avec l'offrande du ciel et des feuilles sèches,
Nous ne te verrons pas rapprocher de l'âtre
Tout ton profil de servante divine.
Adieu, nous n'étions pas de même destin,
Tu as à prendre ce chemin et nous cet autre,
Et entre s'épaissit cette vallée
Que l'inconnu surplombe
Avec un cri rapide d'oiseau qui chasse.
Adieu, tu es déjà touchée par d'autres lèvres,
L'eau du fleuve n'appartient pas à son rivage
Sauf par le grand bruit clair.

J'envie le dieu du soir qui se penchera
Sur le vieillissement de ta lumière.
Terre, ce qu'on appelle la poésie
T'aura tant désirée en ce siècle, sans prendre
Jamais sur toi le bien du geste d'amour !

Il l'a touchée de ses mains, de ses lèvres,
Il la retient, qui sourit, par la nuque,
Il la regarde, en ces yeux qui s'effacent
Dans la phosphorescence de ce qui est.
Et maintenant, enfin, il se détourne.
Je le vois qui s'éloigne dans la nuit.
Adieu ? Non, ce n'est pas le mot que je sais dire.

Et mes rêves, serrés
L'un contre l'autre et l'autre encore, ainsi
La sortie des brebis dans le premier givre,
Reprennent piétinant leurs plus vieux chemins.
Je m'éveille nuit après nuit dans la maison vide,
Il me semble qu'un pas m'y précède encore.
Je sors
Et m'étonne que l'ampoule soit allumée
Dans ce lieu déserté de tous, devant l'étable.
Je cours derrière la maison, parce que l'appel
Du berger d'autrefois retentit encore.
J'entends l'aboi qui précédait le jour,
Je vois l'étoile boire parmi les bêtes
Qui ne sont plus, à l'aube. Et résonne encore la flûte
Dans la fumée des choses transparentes.

# LES ARBRES

Nous regardions nos arbres, c'était du haut
De la terrasse qui nous fut chère, le soleil
Se tenait près de nous cette fois encore
Mais en retrait, hôte silencieux
Au seuil de la maison en ruines, que nous laissions
À son pouvoir, immense, illuminée.

Vois, te disais-je, il fait glisser contre la pierre
Inégale, incompréhensible, de notre appui
L'ombre de nos épaules confondues,
Celle des amandiers qui sont près de nous
Et celle même du haut des murs qui se mêle aux autres,
Trouée, barque brûlée, proue qui dérive.
Comme un surcroît de rêve ou de fumée.

Mais ces chênes là-bas sont immobiles,
Même leur ombre ne bouge pas, dans la lumière,
Ce sont les rives du temps qui coule ici où nous sommes,
Et leur sol est inabordable, tant est rapide
Le courant de l'espoir gros de la mort.

Nous regardâmes les arbres toute une heure.
Le soleil attendait, parmi les pierres,
Puis il eut compassion, il étendit
Vers eux, en contrebas dans le ravin,
Nos ombres qui parurent les atteindre
Comme, avançant le bras, on peut toucher
Parfois, dans la distance entre deux êtres,
Un instant du rêve de l'autre, qui va sans fin.

# L'ÉPERVIER

Il y a nombre d'années,
À V.,
Nous avons vu le temps venir au-devant de nous
Qui regardions par la fenêtre ouverte
De la chambre au-dessus de la chapelle.
C'était un épervier
Qui regagnait son nid au creux du mur.
Il tenait dans son bec un serpent mort.
Quand il nous vit
Il cria de colère et d'angoisse pure
Mais sans lâcher sa proie et, immobile
Dans la lumière de l'aube,
Il forma avec elle le signe même
Du début, du milieu et de la fin.

Et il y avait là
Dans le pays d'été, très près du ciel,
Nombre de vases, serrés ; et de chacun
S'élevait une flamme ; et de chaque flamme
La couleur était autre, qui bruissait,
Vapeur ou rêve, ou monde, sous l'étoile.

On eût dit d'un affairement d'âmes, attendues
À un appontement au bout d'une île.
Je croyais même entendre des mots, ou presque
(Presque, soit par défaut, soit par excès
De la puissance infirme du langage),
Passer, comme un frémissement de la chaleur
Dans l'air phosphorescent qui ne faisait qu'une
De toutes ces couleurs dont il me semblait
Que certaines, au loin, m'étaient inconnues.

Je les touchais, elles ne brûlaient pas.
J'y avançais la main, non, je ne prenais rien
De ces grappes d'un autre fruit que la lumière.

# L'ADIEU

Nous sommes revenus à notre origine.
Ce fut le lieu de l'évidence, mais déchirée.
Les fenêtres mêlaient trop de lumières,
Les escaliers gravissaient trop d'étoiles
Qui sont des arches qui s'effondrent, des gravats,
Le feu semblait brûler dans un autre monde.

Et maintenant des oiseaux volent de chambre en chambre,
Les volets sont tombés, le lit est couvert de pierres,
L'âtre plein de débris du ciel qui vont s'éteindre.
Là nous parlions, le soir, presque à voix basse
À cause des rumeurs des voûtes, là pourtant
Nous formions nos projets : mais une barque,
Chargée de pierres rouges, s'éloignait
Irrésistiblement d'une rive, et l'oubli
Posait déjà sa cendre sur les rêves
Que nous recommencions sans fin, peuplant d'images
Le feu qui a brûlé jusqu'au dernier jour.

Est-il vrai, mon amie,
Qu'il n'y a qu'un seul mot pour désigner

Dans la langue qu'on nomme la poésie
Le soleil du matin et celui du soir,
Un seul le cri de joie et le cri d'angoisse,
Un seul l'amont désert et les coups de haches,
Un seul le lit défait et le ciel d'orage,
Un seul l'enfant qui naît et le dieu mort ?

Oui, je le crois, je veux le croire, mais quelles sont
Ces ombres qui emportent le miroir ?
Et vois, la ronce prend parmi les pierres
Sur la voie d'herbe encore mal frayée
Où se portaient nos pas vers les jeunes arbres.
Il me semble aujourd'hui, ici, que la parole
Est cette auge à demi brisée, dont se répand
À chaque aube de pluie l'eau inutile.

L'herbe et dans l'herbe l'eau qui brille, comme un fleuve.
Tout est toujours à remailler du monde.
Le paradis est épars, je le sais,
C'est la tâche terrestre d'en reconnaître
Les fleurs disséminées dans l'herbe pauvre,
Mais l'ange a disparu, une lumière
Qui ne fut plus soudain que soleil couchant.

Et comme Adam et Ève nous marcherons
Une dernière fois dans le jardin.
Comme Adam le premier regret, comme Ève le premier
Courage nous voudrons et ne voudrons pas
Franchir la porte basse qui s'entrouvre
Là-bas, à l'autre bout des longes, colorée
Comme auguralement d'un dernier rayon.
L'avenir se prend-il dans l'origine

Comme le ciel consent à un miroir courbe,
Pourrons-nous recueillir de cette lumière
Qui a été le miracle d'ici
La semence dans nos mains sombres, pour d'autres flaques
Au secret d'autres champs « barrés de pierres » ?

Certes, le lieu pour vaincre, pour nous vaincre, c'est ici
Dont nous partons, ce soir. Ici sans fin
Comme cette eau qui s'échappe de l'auge.

# LE MIROIR COURBE

## I

Regarde-les là-bas, à ce carrefour,
Qui semblent hésiter puis qui repartent.
L'enfant court devant eux, ils ont cueilli
En de grandes brassées pour les quelques vases
Ces fleurs d'à travers champs qui n'ont pas de nom.

Et l'ange est au-dessus, qui les observe
Enveloppé du vent de ses couleurs.
Un de ses bras est nu dans l'étoffe rouge,
On dirait qu'il tient un miroir, et que la terre
Se reflète dans l'eau de cette autre rive.

Et que désigne-t-il maintenant, du doigt
Qui pointe vers un lieu dans cette image ?
Est-ce une autre maison ou un autre monde,
Est-ce même une porte, dans la lumière
Ici mêlée des choses et des signes ?

## II

Ils aiment rentrer tard, ainsi. Ils ne distinguent
Plus même le chemin parmi les pierres
D'où sourd encore une ombre d'ocre rouge.
Ils ont pourtant confiance. Près du seuil
L'herbe est facile et il n'est point de mort.

Et les voici maintenant sous des voûtes.
Il y fait noir dans la rumeur des feuilles
Sèches, que fait bouger sur le dallage
Le vent qui ne sait pas, de salle en salle,
Ce qui a nom et ce qui n'est que chose.

Ils vont, ils vont. Là-bas parmi les ruines,
C'est le pays où les rives sont calmes,
Les chemins immobiles. Dans les chambres
Ils placeront les fleurs, près du miroir
Qui peut-être consume, et peut-être sauve.

# UNE PIERRE

L'été passa violent dans les salles fraîches,
Ses yeux étaient aveugles, son flanc nu,
Il cria, et l'appel bouleversa le songe
De ceux qui dormaient là au simple de leur jour.

Ils frémirent. Changea le rythme de leur souffle,
Reposèrent leurs mains la coupe du sommeil.
Déjà le ciel venait à nouveau sur terre,
Ce fut l'orage des après-midi d'été, dans l'éternel.

## LA VOIX, QUI A REPRIS

« Es-tu venu par besoin de ce lieu,
De ce lieu seul, ravin, porte dressée
Au-dessus du levant et du couchant
Comme passe la barque d'un autre monde,
Entre, je te permets presque une halte.

Es-tu venu pour, au moins une fois,
Être maître du seuil, pousser le poids
De la porte cloutée sur ses gonds qui dorment,
Et déranger ce rêve, bien que sachant
Que tout seul est un rêve, et que ce fer
Y est certes le signe, mais sans promesse,
Je te permets la clef dans la lourde porte.

Es-tu venu pour entendre l'écho
Des marteaux sous les voûtes, mais déjà
T'éloignant, te décolorant, ne percevant
La lumière qu'en rêve, descendant
Les yeux emplis de larmes vers le ciel
Qui t'accueillait de terrasse en terrasse
Parmi les amandiers et les chênes clairs,
Vois, je t'aurai donné, en la reprenant,
Une terre natale, et il n'est rien d'autre. »

## LA VOIX ENCORE

« Et venais-tu pour la nuque ployée
Là-haut, dans cette chambre, non, dans le ciel
D'orage, et cette main dans la tienne, et le cri
D'espoir, de joie, puis relever les yeux
Vers la cime parfaite des montagnes
Et contempler, comme nuptialement,
La beauté, qui semble augurale, de ce monde
(Car c'est là, sous l'étoile, que je demeure,
Ma parole est ce givre sous ce silence,
Le seuil est là, où la grappe des pierres
Mûrit hors de l'espace, illuminée),
— Je t'ai permis de boire à cette lumière.
Je t'ai donné l'enfant qui me désigne.

Par la brièveté de la porte, vois
Le pain brûler sur la table.
Par le bois cloué mort dans la porte, prends
Mesure de la nuit qui couvre la terre.
Par le déchirement de la couleur,
Par le gémissement des gonds de la porte, sens
Se déjointer dans l'énigme du temps

L'être de la présence et de la promesse.
La nuit est prompte et lourde à retomber
Sur le bleu du dehors du monde, dont la voix
Va te sembler trompeuse, te faire mal,
Et le cri de la nuit est âcre dans l'huile
Des gonds de toute chose : cependant,
Le poids même du fer sur la pierre témoigne
De corps suants, courbés
Sur le bâtir mystérieux et le sens.

Et vois, la pierre
A des mots infinis dans l'herbe du seuil,
Et là, dans la chaleur,
Ce qui n'a pas de paix est la paix encore. »

II

## PASSANT AUPRÈS DU FEU

Je passais près du feu dans la salle vide
Aux volets clos, aux lumières éteintes,

Et je vis qu'il brûlait encore, et qu'il était même
En cet instant à ce point d'équilibre
Entre les forces de la cendre, de la braise
Où la flamme va pouvoir être, à son désir,
Soit violente soit douce dans l'étreinte
De qui elle a séduit sur cette couche
Des herbes odorantes et du bois mort.
Lui, c'est cet angle de la branche que j'ai rentrée
Hier, dans la pluie d'été soudain si vive,
Il ressemble à un dieu de l'Inde qui regarde
Avec la gravité d'un premier amour
Celle qui veut de lui que l'enveloppe
La foudre qui précède l'univers.

Demain je remuerai
La flamme presque froide, et ce sera
Sans doute un jour d'été comme le ciel
En a pour tous les fleuves, ceux du monde

Et ceux, sombres, du sang. L'homme, la femme,
Quand savent-ils, à temps,
Que leur ardeur se noue ou se dénoue ?
Quelle sagesse en eux peut pressentir
Dans une hésitation de la lumière
Que le cri de bonheur se fait cri d'angoisse ?


Feu des matins,
Respiration de deux êtres qui dorment,
Le bras de l'un sur l'épaule de l'autre.

Et moi qui suis venu
Ouvrir la salle, accueillir la lumière,
Je m'arrête, je m'assieds là, je vous regarde,
Innocence des membres détendus,
Temps si riche de soi qu'il a cessé d'être.

# LE PUITS

Tu écoutes la chaîne heurter la paroi
Quand le seau descend dans le puits qui est l'autre étoile,
Parfois l'étoile du soir, celle qui vient seule,
Parfois le feu sans rayons qui attend à l'aube
Que le berger et les bêtes sortent.

Mais toujours l'eau est close, au fond du puits,
Toujours l'étoile y demeure scellée.
On y perçoit des ombres, sous des branches,
Ce sont des voyageurs qui passent de nuit

Courbés, le dos chargé d'une masse noire,
Hésitant, dirait-on, à un carrefour.
Certains semblent attendre, d'autres s'effacent
Dans l'étincellement qui va sans lumière.

Le voyage de l'homme, de la femme est long, plus long
    que la vie,
C'est une étoile au bout du chemin, un ciel
Qu'on a cru voir briller entre deux arbres.
Quand le seau touche l'eau, qui le soulève,
C'est une joie puis la chaîne l'accable.

# LE PUITS, LES RONCES

Mais nous aimons ces puits qui veillent loin des routes
Car nous nous demandons qui vient vers eux
Dans les herbes barrées de ronces, attirés
Par ces sortes de dômes que font leurs lauzes
Au-dessus des buissons, là où commence
Le pays qui ne sait que l'éternel ;
Qui s'arrête auprès d'eux aujourd'hui encore,
Qui les ouvre et se penche, en un autre monde.
Le fer rouillé résiste, il fait grand bruit
Puis grand silence quand retombe sur la pierre
La tôle qui sépare les deux ciels.

Et ce n'est qu'un instant de l'été, le grillon
Effrayé a repris, hors de la mort,
Son chant qui est matière faite voix
Et, peut-être, lumière mais pour rien.
Il a perçu que ces froissements d'herbes,
Ces mots, cette espérance, ne furent pas
Plus qu'il n'est, lui (si c'est le mot), parmi les ronces
Qui griffent nos visages mais ne sont
Que le rien qui griffe le rien dans la lumière.

## LA RAPIDITÉ DES NUAGES

Le lit, la vitre auprès, la vallée, le ciel,
La magnifique rapidité de ces nuages.
La griffe de la pluie sur la vitre, soudain,
Comme si le néant paraphait le monde.

Dans mon rêve d'hier
Le grain d'autres années brûlait par flammes courtes
Sur le sol carrelé, mais sans chaleur.
Nos pieds nus l'écartaient comme une eau limpide.

Ô mon amie,
Comme était faible la distance entre nos corps !
La lame de l'épée du temps qui rôde
Y eût cherché en vain le lieu pour vaincre.

# LA FOUDRE

Il a plu, cette nuit.
Le chemin a l'odeur de l'herbe mouillée,
Puis, à nouveau, la main de la chaleur
Sur notre épaule, comme
Pour dire que le temps ne va rien nous prendre.

Mais là
Où le champ vient buter contre l'amandier,
Vois, un fauve a bondi
D'hier à aujourd'hui à travers les feuilles.

Et nous nous arrêtons, c'est hors du monde,

Et je viens près de toi,
J'achève de t'arracher du tronc noirci,
Branche, été foudroyé
De quoi la sève d'hier, divine encore, coule.

# L'ORÉE DU BOIS

## I

Tu me dis que tu aimes le mot *ronce*,
Et j'ai là l'occasion de te parler,
Sentant revivre en toi sans que tu le saches
Encore, cette ardeur qui fut toute ma vie.

Mais je ne puis rien te répondre : car les mots
Ont ceci de cruel qu'ils se refusent
À ceux qui les respectent et les aiment
Pour ce qu'ils pourraient être, non ce qu'ils sont.

Et ne me restent donc que des images,
Soit, presque, des énigmes, qui feraient
Que se détournerait, triste soudain,
Ton regard qui ne sait que l'évidence.

C'est comme quand il pleut le matin, vois-tu,
Et qu'on va soulever l'étoffe de l'eau
Pour se risquer plus loin que la couleur
Dans l'inconnu des flaques et des ombres.

## II

Et pourtant, c'est bien l'aube, dans ce pays
Qui m'a bouleversé et que tu aimes.
La maison de ces quelques jours est endormie.
Nous nous sommes glissés dans l'éternel.

Et l'eau cachée dans l'herbe est encore noire,
Mais la rosée recommence le ciel.
L'orage de la nuit s'apaise, la nuée
A mis sa main de feu dans la main de cendre.

# UNE PIERRE

Viens, que je te dise à voix basse
Un enfant dont je me souviens,
Immobile comme il resta
À distance des autres vies.

Il n'a pas rejoint au matin
Ceux qui jouaient dans les arbres
À multiplier l'univers,
Ni couru à travers la plage
Vers plus de lumière encore.
Vois, pourtant, il a continué
Son chemin au pied de la dune,
Des traces de pas en sont preuves
Entre les chardons et la mer.

Et près d'eux tu peux voir s'emplir
De l'eau qui double le ciel
L'empreinte des pas plus larges
D'une compagne inconnue.

## LE MOT *RONCE*, DIS-TU

Le mot *ronce*, dis-tu ? Je me souviens
De ces barques échouées dans le varech
Que traînent les enfants les matins d'été
Avec des cris de joie dans les flaques noires

Car il en est, vois-tu, où demeure la trace
D'un feu qui y brûla à l'avant du monde,
Et sur le bois noirci, où le temps dépose
Le sel qui semble un signe mais s'efface,
Tu aimeras toi aussi l'eau qui brille.

Du feu qui va en mer la flamme est brève,
Mais quand elle s'éteint contre la vague,
Il y a des irisations dans la fumée.
Le mot *ronce* est semblable à ce bois qui sombre.

Et poésie, si ce mot est dicible,
N'est-ce pas de savoir, là où l'étoile
Parut conduire mais pour rien sinon la mort,

Aimer cette lumière encore ? Aimer ouvrir
L'amande de l'absence dans la parole ?

# LA BRANCHE

Branche que je ramasse à l'orée des bois
Mais pour t'abandonner à la fin du monde,
Cachée parmi des pierres, dans l'abri
Où commence invisible l'autre chemin

(Car tout instant terrestre est un carrefour
Où, quand l'été s'achève, va notre ombre
Vers son autre pays dans les mêmes arbres,
Et rarement est-on venu reprendre
Une autre année la branche dont on courbe
Tout un été, distraitement, les herbes),

Branche, je pense à toi maintenant qu'il neige,
Je te vois resserrée sur le non-sens
Des quelques nœuds du bois, là où l'écorce
S'écaille, au gonflement de tes forces sombres,

Et je reviens, une ombre sur le sol blanc,
Vers ton sommeil qui hante ma mémoire,
Je te prends à ton rêve qui s'éparpille,
N'étant que d'eau pénétrée de lumière.

Puis je vais là où je sais que la terre
Se dérobe d'un coup, parmi les arbres,
Et je te jette aussi loin que je peux,
Je t'écoute qui rebondit de pierre en pierre.


(Non, je te veux
Tout un moment encore. Je vais, je prends
Le troisième chemin, que je voyais
Se perdre dans les herbes, sans que je sache
Pourquoi je n'entrais pas dans ses fourrés
Certes sombres, certes sans voix d'oiseaux dans les
     feuillages.
Je vais, je suis bientôt dans une maison
Où j'ai vécu jadis mais dont la voie
S'était perdue comme, quand la vie passe,
Des mots sont dits, sans qu'on s'en aperçoive,
Pour la dernière fois dans l'éternel.
Un feu brûle, dans une de ses salles toujours désertes,
Je l'écoute qui cherche dans le miroir
Des braises le rameau de la lumière,
Ainsi le dieu qui croit qu'il va créer
L'esprit, la vie, dans la nuit dont les nœuds
Sont serrés, infinis, labyrinthiques.


Puis je te pose, doucement, sur le lit des flammes,
Je te vois qui t'embrase dans ton sommeil,
Je suis penché, je tiens longtemps encore
Ta main, qui est l'enfance qui s'achève.)

## SUR DES BRANCHES
## CHARGÉES DE NEIGE

I

D'une branche neigeuse à l'autre, de ces années
Qui ont passé sans qu'aucun vent n'effraie leurs feuilles,
Se font des éparpillements de la lumière
À des moments, comme nous avançons dans ce silence.

Et cette poudre ne retombe qu'infinie,
Nous ne savons plus bien si un monde existe
Encore, ou si nous recueillons sur nos mains mouillées
Un cristal de réalité parfaitement pure.

Couleurs avec le froid plus denses, bleus et pourpres
Qui appelez de plus loin que le fruit,
Êtes-vous notre rêve qui moins s'efface
Qu'il ne se fait la prescience et la voie ?

Le ciel a bien lui-même ces nuées
Dont l'évidence est fille de la neige,
Et si nous nous tournons vers la route blanche,
C'est la même lumière et la même paix.

## II

Sauf, c'est vrai, que le monde n'a d'images
Que semblables aux fleurs qui trouent la neige
En mars, puis se répandent, toutes parées,
Dans notre rêverie d'un jour de fête,

Et qu'on se penche là, pour emporter
Des brassées de leur joie dans notre vie,
Bientôt les voici mortes, non tant dans l'ombre
De leur couleur fanée que dans nos cœurs.

Ardue est la beauté, presque une énigme,
Et toujours à recommencer l'apprentissage
De son vrai sens au flanc du pré en fleurs
Que couvrent par endroits des plaques de neige.

## LA NEIGE

Elle est venue de plus loin que les routes,
Elle a touché le pré, l'ocre des fleurs,
De cette main qui écrit en fumée,
Elle a vaincu le temps par le silence.

Davantage de lumière ce soir
À cause de la neige.
On dirait que des feuilles brûlent, devant la porte,
Et il y a de l'eau dans le bois qu'on rentre.

III

III

## PAR OÙ LA TERRE FINIT

### I

Puisque c'est à la tombée de la nuit que prend son vol l'oiseau de Minerve, c'est le moment de parler de vous, chemins qui vous effacez de cette terre victime.

Vous avez été l'évidence, vous n'êtes plus que l'énigme. Vous inscriviez le temps dans l'éternité, vous n'êtes que du passé maintenant, par où la terre finit, là, devant nous, comme un bord abrupt de falaise.

## II

Une ombre de feuille ou de fleur se projetait sur une pierre, on s'asseyait à côté, on se retrouvait peintre chinois avec un peu de couleur à mêler à de l'encre noire.

C'était l'infini qui se faisait le fini, comme dans le territoire des bêtes. Ce qui partait savait revenir. Heureux le temps où, quand un chemin se perdait, on savait que c'était parce qu'il n'y avait pas de raison d'aller plus avant, de ce côté-ci de la fin du monde.

## III

Tel qui allait du même pas que le ruisseau proche et se mêlait à lui en des points on ne savait guère si gués ou flaques, dans la lumière brisée des moucherons et des libellules.

Tel qui avait gravi une pente parmi les pins et les petits chênes puis débouchait à découvert devant tout un chaos de tertres boisés, certains barrés jusqu'à l'horizon de lignes de pierre nue.

Et cet autre, là-bas, — on rêvait que c'était un lac qu'on finirait par atteindre, il y aurait dans les herbes, abandonnée, faisant eau, une barque peinte de bleu.

# IV

Tel qui se faufilait comme une couleuvre sous les feuilles d'une autre année.

Il y a une minute, il n'était pas. Dans un instant, il ne serait plus.

V

Tel accourait, nous suivait. On se prenait à vouloir lui donner un nom.

Il s'était pris d'amitié pour la petite fille. Pour les huit ans de cette année-là ; et jappait sans fin autour d'elle, à grands bonds et rebonds d'herbe mouillée.

Dormant parfois tout un jour, le nez dans un repli d'ombre.

# VI

Bouddhistes sans le savoir.

Et surtout pas « une voie ». Ils laissaient cela à notre gnose.

Essayant même de retenir, ironiquement, le pèlerin.

Belle image d'eux ces petits dieux du Japon qu'on voit auprès des villages, statues frustes de pierre grise qui ont une étoffe attachée au cou devant les quelques offrandes comme s'ils étaient des enfants qui vont manger leur œuf à la coque. Leur lieu de culte, chez nous : ces oratoires dont la grille rouillée ne ferme plus, où l'on perçoit au passage, demi-séchée, l'adoration odorante de fleurs mêlées à des feuilles.

# VII

Passant par exemple devant les vieux cimetières dont les portes sont gardées closes par un nœud informe de fil de fer ; et proposant de le dénouer, patiemment, d'entrer ; de déchiffrer quelques noms, sur les pierres couvertes d'herbe ; de repartir sans inquiétude ni hâte.

Puis de continuer jusque sur la hauteur où fut autrefois le village, que rappellent dans le rocher quelques éboulis dans les ronces ; et d'avancer, avec précaution, vers le point d'où l'on domine les deux vallées, dont les lumières sont différentes. « Remarque, dit le génie des chemins, cette ferme là-bas dont il ne reste plus que les murailles sans toit, retenant des ombres très noires. Remarque, pour oublier. »

# VIII

Et où allait cet autre encore, c'était sans joie, sans beauté, on pataugeait, on se perdait dans la brume, mais pour finir, de deux souches de ciel rapprochées dans l'âtre de la montée qui s'achève jaillissait un rayon, le soleil du soir.

(Mais il n'est pas de chemins pour descendre chez les morts, malgré ce que dit Racine. En fait d'âmes, voici la graine qui vole, le fil de la Vierge, le moucheron. L'entrée au pays des morts se fait comme il est dit dans la légende celtique, par une route droite, bordée de ces auberges qui sont ouvertes toute la nuit. Route comme ce qu'il faut bien emprunter, soudain plus large et rapide, chaque fois qu'on approche d'une frontière.)

# IX

Un qui tenait une coupe, où brillait le vin du ciel calme.

Un qui allait, eût-on dit, *beyond the river and into the trees*. Un qui était notre voie lactée.

Et il y en avait un encore plus large, et qui aimait accueillir nos ombres sur son sable, qui était lisse. Elles couraient loin en avant de nous car c'était le soir, et nous les sentions agitées, inquiètes. Mais l'ombre d'un oiseau les touchait parfois et les accompagnait un instant, avant de s'en écarter d'un brusque coup de sa rame.

## X

Chemins,
Non, ce n'est pas dans vos rumeurs que rien s'achève.
Vous êtes un enfant qui joue de la flûte
Et dont les doigts confiants recréent le monde
De rien qu'un peu de terre où se prend le souffle.

Et le temps a posé
Sa main sur son épaule, et se laisse aveugle
Conduire sous la voûte des nombres purs.

# LÀ OÙ CREUSE LE VENT

## I

On dit qu'un dieu chercha
Sur les eaux closes
Comme un rapace veut
Sa proie lointaine

Et d'un cri répété,
Rauque, désert,
Créa le temps qui brille
Où la vague se creuse.

La nuit couvre le jour
Puis se retire,
Son écume déferle
Sur les pierres d'ici.

Qu'est-ce que Dieu, s'il n'a
Que le temps pour œuvre,
A-t-il voulu mourir
Faute de pouvoir naître ?

En vain fut son combat
Contre l'absence.
Il jeta le filet,
Elle tint le glaive.


## II


Mais demeure l'éclair
Au-dessus du monde
Comme à un gué, cherchant
De pierre en pierre.

Est-ce que la beauté
N'a été qu'un rêve,
Le visage aux yeux clos
De la lumière ?

Non, puisqu'elle a reflet
En nous, et c'est la flamme
Qui dans l'eau du bois mort
Se baigne nue.

C'est le corps exalté
Par un miroir
Comme un feu prend, soudain,
Dans un cercle de pierres.

Et a sens le mot joie
Malgré la mort
Là où creuse le vent
Ces braises claires.

# III

Suffisance des jours
Qui vont vers l'aube
Par éblouissements
Dans le ciel nocturne.

Le glaive, le filet
Ne sont plus qu'une
Main, qui étreint en paix
La nuque brève.

L'âme est, illuminée,
Comme un nageur
Qui se jette, d'un coup,
Sous la lumière

Et ses yeux sont fermés,
Son corps est nu,
Sa bouche veut le sel,
Non le langage.

# DEDHAM, VU DE LANGHAM

## I

Dedham, vu de Langham. L'été est sombre
Où des nuages se rassemblent. On pourrait croire
Que tout cela, haies, villages au loin,
Rivière, va finir. Que la terre n'est pas
Même l'éternité des bêtes, des arbres,
Et que ce son de cloches, qui a quitté
La tour de cette église, se dissipe,
Bruit simplement parmi les bruits terrestres,
Comme l'espoir que l'on a quelquefois
D'avoir perçu des signes sur des pierres
Tombe, dès qu'on voit mieux ces traits en désordre,
Ces taches, ces sursauts de la chose nue.

Mais tu as su mêler à ta couleur
Une sorte de sable qui du ciel
Accueille l'étincellement dans la matière.
Là où c'était le hasard qui parlait
Dans les éboulements, dans les nuées,
Tu as vaincu, d'un début de musique,

La forme qui se clôt dans toute vie.
Tu écoutes le bruit d'abeilles des choses claires,
Son gonflement parfois, cet absolu
Qui vibre dans le pré parmi les ombres,
Et tu le laisses vivre en toi, et tu t'allèges
De n'être plus ainsi hâte ni peur.

Ô peintre,
Comme une main presse une grappe, main divine,
De toi dépend le vin ; de toi, que la lumière
Ne soit pas cette griffe qui déchire
Toute forme, toute espérance, mais une joie
Dans les coupes même noircies du jour de fête.
Peintre de paysage, grâce à toi
Le ciel s'est arrêté au-dessus du monde
Comme l'ange au-dessus d'Agar quand elle allait,
Le cœur vide, dans le dédale de la pierre.

Et que de plénitude est dans le bruit,
Quand tu le veux, du ruisseau qui dans l'herbe
A recueilli le murmure des cloches,
Et que d'éternité se donne dans l'odeur
De la fleur la plus simple ! C'est comme si
La terre voulait bien ce que l'esprit rêve.

Et la petite fille qui vient en rêve
Jouer dans la prairie de Langham, et regarde
Quelquefois ce Dedham au loin, et se demande
Si ce n'est pas là-bas qu'il faudrait vivre,
Cueille pour rien la fleur qu'elle respire
Puis la jette et l'oublie ; mais ne se rident

Dans l'éternel été
Les eaux de cette vie ni de cette mort.


## II


Peintre,
Dès que je t'ai connu je t'ai fait confiance,
Car tu as beau rêver tes yeux sont ouverts
Et risques-tu ta pensée dans l'image
Comme on trempe la main dans l'eau, tu prends le fruit
De la couleur, de la forme brisées,
Tu le poses réel parmi les choses dites.

Peintre,
J'honore tes journées, qui ne sont rien
Que la tâche terrestre, délivrée
Des hâtes qui l'aveuglent. Rien que la route
Mais plus lente là-bas dans la poussière.
Rien que la cime
Des montagnes d'ici mais dégagée,
Un instant, de l'espace. Rien que le bleu
De l'eau prise du puits dans le vert de l'herbe
Mais pour la conjonction, la métamorphose
Et que monte la plante d'un autre monde,
Palmes, grappes de fruits serrées encore,
Dans l'accord de deux tons, notre unique vie.
Tu peins, il est cinq heures dans l'éternel
De la journée d'été. Et une flamme
Qui brûlait par le monde se détache

Des choses et des rêves, transmutée.
On dirait qu'il ne reste qu'une buée
Sur la paroi de verre.

Peintre,
L'étoile de tes tableaux est celle en plus
De l'infini qui peuple en vain les mondes.
Elle guide les choses vers leur vraie place,
Elle enveloppe là leur dos de lumière,
Plus tard,
Quand la main du dehors déchire l'image,
Tache de sang l'image,
Elle sait rassembler leur troupe craintive
Pour le piétinement de nuit, sur un sol nu.

Et quelquefois,
Dans le miroir brouillé de la dernière heure,
Elle sait dégager, dit-on, comme une main
Essuie la vitre où a brillé la pluie,
Quelques figures simples, quelques signes
Qui brillent au-delà des mots, indéchiffrables
Dans l'immobilité du souvenir.
Formes redessinées, recolorées
À l'horizon qui ferme le langage,
C'est comme si la foudre qui frappait
Suspendait, dans le même instant, presque éternel,
Son geste d'épée nue, et comme surprise
Redécouvrait le pays de l'enfance,
Parcourant ses chemins ; et, pensive, touchait
Les objets oubliés, les vêtements
Dans de vieilles armoires, les deux ou trois
Jouets mystérieux de sa première

Allégresse divine. Elle, la mort,
Elle défait le temps qui va le monde,
Montre le mur qu'éclaire le couchant,
Et mène autour de la maison vers la tonnelle
Pour offrir, ô bonheur ici, dans l'heure brève,
Les fruits, les voix, les reflets, les rumeurs,
Le vin léger dans rien que la lumière.

IV

## PSYCHÉ DEVANT
## LE CHÂTEAU D'AMOUR

Il rêva qu'il ouvrait les yeux, sur des soleils
Qui approchaient du port, silencieux
Encore, feux éteints ; mais doublés dans l'eau grise
D'une ombre où foisonnait la future couleur.

Puis il se réveilla. Qu'est-ce que la lumière ?
Qu'est-ce que peindre ici, de nuit ? Intensifier
Le bleu d'ici, les ocres, tous les rouges,
N'est-ce pas de la mort plus encore qu'avant ?

Il peignit donc le port mais le fit en ruine.
On entendait l'eau battre au flanc de la beauté
Et crier des enfants dans des chambres closes,
Les étoiles étincelaient parmi les pierres.

Mais son dernier tableau, rien qu'une ébauche,
Il semble que ce soit Psyché qui, revenue,
S'est écroulée en pleurs ou chantonne, dans l'herbe
Qui s'enchevêtre au seuil du château d'Amour.

# LE HAUT DU MONDE

## I

Je sors,
Il y a des milliers de pierres dans le ciel,
J'entends
De toute part le bruit de la nuit en crue.
Est-il vrai, mes amis,
Qu'aucune étoile ne bouge ?

Est-il vrai
Qu'aucune de ces barques pourtant chargées
D'on dirait plus que la simple matière
Et qui semblent tournées vers un même pôle
Ne frémisse soudain, ne se détache
De la masse des autres laissée obscure ?

Est-il vrai
Qu'aucune de ces figures aux yeux clos
Qui sourient à la proue du monde dans la joie
Du corps qui vaque à rien que sa lumière
Ne s'éveille, n'écoute ? N'entende au loin
Un cri qui soit d'amour, non de désir ?

## II

Elle ouvrirait, sans bruit,
Elle se risquerait dans le vent de mer
Telle une jeune fille qui sort de nuit,
Soulevant une lampe qui répand
Sa clarté, qui l'effraye aussi, sur ses épaules,
Et se retourne, mais le monde va sans réponse,
Le bruit des pas de ceux qui devraient ouvrir
Leur porte sous les arbres, et la rejoindre
Ne sonne pas encore dans la vallée.

Les choses sont si confiantes pourtant,
L'agneau si complaisant à la main qui tue,

Et les regards sont si intenses parfois,
Les voix se troublent si mystérieusement quand on
        prononce
Certains mots pour demain, ou au secret
Des fièvres et des invites de la nuit.
Est-il vrai que les mots soient sans promesse,
Éclair immense en vain,

Coffre qui étincelle mais plein de cendres ?

# III

En d'autres temps, mes amis,
Nous aurions écouté, ne parlant plus
Soudain,
Bruire la pluie de nuit sur les tuiles sèches.

Nous aurions vu, courbé
Sous l'averse, courant
La tête protégée par le sac de toile,
Le berger rassembler ses bêtes. Nous aurions cru
Que le couteau de la foudre dévie
Parfois, compassionné,
Sur le dos laineux de la terre.

Nous aurions aperçu, qui se dispersent
Chaque fois que c'est l'aube,
Les rêves qui déposent, couronnés d'or,
Leur étincellement près d'une naissance.

## IV

Et fût-elle venue
S'asseoir auprès de nous, l'incohérente,
La vieille qui n'a plus que le souvenir,
Reste, l'un d'entre nous
Eût dit, reste, détends tes mains noircies par la fumée,
Parle-nous, instruis-nous, ô vagabonde.

Le ciel était scellé pourtant, comme aujourd'hui,
La barque de chaque chose, venue chargée
D'un blé du haut du monde, restait bâchée
À notre quai nocturne, brillant à peine
De simplement la pluie dans le vent de mer.

Et on rentrait le soir les mêmes bêtes lasses,
La mort était servante parmi nous
À recueillir le lait qui a goût de cendre.

V

Je sors.
Je rêve que je sors dans la nuit de neige.
Je rêve que j'emporte
Avec moi, loin, dehors, c'est sans retour,
Le miroir de la chambre d'en haut, celui des étés
D'autrefois, la barque à la proue de laquelle, simples,
Nous allions, nous interrogions, dans le sommeil
D'étés qui furent brefs comme est la vie.

En ce temps-là
C'est par le ciel qui brillait dans son eau
Que les mages de nos sommeils, se retirant,
Répandaient leurs trésors dans la chambre obscure.

# VI

Et la beauté du monde s'y penchait
Dans le bruissement du ciel nocturne,
Elle mirait son corps dans l'eau fermée
Des dormeurs, qui se ramifie entre des pierres,
Elle approchait bouche et souffle confiants,
De leurs yeux sans lumière. Elle eût aimé
Qu'au repli de sa robe fermée encore
Paraisse sous l'épaule le sein plus clair,
Puis le jour se levait autour de toi,
Terre dans le miroir, et le soleil
Ourlait ta nuque nue d'une buée rouge.

Mais maintenant
Me voici hors de la maison dont rien ne bouge
Puisqu'elle n'est qu'un rêve. Je vais, je laisse
N'importe où, contre un mur, sous les étoiles,
Ce miroir, notre vie. Que la rosée
De la nuit se condense et coule, sur l'image.

## VII

Ô galaxies
Poudroyantes au loin
De la robe rouge.

Rêves,
Troupeau plus noir, plus serré sur soi que les pierres.

Je vais,
Je passe près des amandiers sur la terrasse.
Le fruit est mûr.
J'ouvre l'amande et son cœur étincelle.

Je vais.
Il y a cet éclair immense devant moi,
Le ciel,
L'agneau sanglant dans la paille.

## UNE PIERRE

Ils aimaient ce miroir
Dont le cadre écaillé s'ornait encore
Des cornes d'abondance de l'âge d'or.
Deux figures dansantes s'y faisaient face,
Ces épaules, ces ventres étaient nus,
Ces mains
Se touchaient, s'étreignaient,
Mais c'est vrai que les yeux ne se rencontraient pas.

Ils ont placé
Le miroir dans la terre, sous la neige,
Comme du grain ; comme l'épi de ciel
Qui doit pourrir longtemps dans la boue du monde.

V

# L'AGITATION DU RÊVE

## I

Dans ce rêve le fleuve encore : c'est l'amont,
Une eau serrée, violente, où des troncs d'arbres
S'entrechoquent, dévient ; de toute part
Des rivages stériles m'environnent,
De grands oiseaux m'assaillent, avec un cri
De douleur et d'étonnement, — mais moi, j'avance
À la proue d'une barque, dans une aube.
J'y ai amoncelé des branches, me dit-on,
En tourbillons s'élève la fumée,
Puis le feu prend, d'un coup, deux colonnes torses,
Tout un porche de foudre. Je suis heureux
De ce ciel qui crépite, j'aime l'odeur
De la sève qui brûle dans la brume.

Et plus tard je remue des cendres, dans un âtre
De la maison où je viens chaque nuit,
Mais c'est déjà du blé, comme si l'âme
Des choses consumées, à leur dernier souffle,
Se détachait de l'épi de matière
Pour se faire le grain d'un nouvel espoir.

Je prends à pleines mains cette masse sombre
Mais ce sont des étoiles ; je déplie
Les draps de ce silence, mais découvre
Très lointaine, très proche la forme nue
De deux êtres qui dorment, dans la lumière
Compassionnée de l'aube, qui hésite
À effleurer du doigt leurs paupières closes
Et fait que ce grenier, cette charpente,
Cette odeur du blé d'autrefois, qui se dissipe,
C'est encore leur lieu, et leur bonheur.

Je dois me délivrer de ces images.
Je m'éveille et me lève et marche. Et j'entre
Dans le jardin de quand j'avais dix ans,
Qui ne fut qu'une allée, bien courte, entre deux masses
De terre mal remuée, où les averses
Laissent longtemps des flaques où se prirent
Les premières lumières que j'aie aimées.
Mais c'est la nuit maintenant, je suis seul,
Les êtres que j'ai connus dans ces années
Parlent là-haut et rient, dans une salle
Dont tombe la lueur sur l'allée ; et je sais
Que les mots que j'ai dits, décidant parfois
De ma vie, sont ce sol, cette terre noire.
Autour de moi le dédale, infini,
D'autres menus jardins avec leurs serres
Défaites, leurs tuyaux sur des plates-bandes
Derrière des barrières, leurs appentis
Où des meubles cassés, des portraits sans cadre,
Des brocs, et parfois des miroirs comme à l'aguet
Sous des bâches, prêts à s'ouvrir aux feux qui passent,
Furent aussi, hors du temps, ma première

Conscience de ce monde où l'on va seul.
Vais-je pouvoir reprendre à la glaise dure
Ces bouts de fer rouillés, ces éclats de verre,
Ces morceaux de charbon ? Agenouillé,
Je détache de l'infini l'inexistence
Et j'en fais des figures, d'une main
Que je distingue mal, tant est la nuit
Précipitée, violente par les mondes.
Que lointaine est ici l'aube du signe !
J'ébauche une constellation mais tout se perd.

## II

Et je lève les yeux, je l'ose enfin,
Et je vois devant moi, dans le ciel nu,
Passer la barque qui revint, parfois sans lumière,
Dans tant des rêves qui miroitent dans le sable
De la très longue rive de cette nuit.

Je regarde la barque, qui hésite.
Elle a tourné comme si des chemins
Se dessinaient pour elle sur la houle
Qui parcourt doucement, brisant l'écume,
L'immensité de l'ombre de l'étoile.

Et qui sont-ils, à bord ? Un homme, une femme
Qui se détachent noirs de la fumée
D'un feu qu'ils entretiennent à la proue.
De l'homme, de la femme le désir
Est donc ce feu au dédale des mondes.

# III

Je referme les yeux. Et m'apparaît
Maintenant, dans le flux de la mémoire,
Une coupe de terre rouge, dont des flammes
Débordent sur la main qui la soulève
Au-dessus de la barque qui s'éloigne.

Et c'est là un enfant, qui me demande
De m'approcher, mais il est dans un arbre,
Les reflets s'enchevêtrent dans les branches.
Qui es-tu ? dis-je. Et lui à moi, riant :
Qui es-tu ? Puisque tu ne sais pas souffler la flamme.

Qui es-tu ? Vois, moi je souffle le monde,
Il fera nuit, je ne te verrai plus,
Veux-tu que ne nous reste que la lumière ?
— Mais je ne sais répondre, de par un charme
Qui m'a étreint, de plus loin que l'enfance.

## IV


Et je m'éloigne et vais vers le rivage.
La barque, et d'autres barques, y sont venues.
Mais tout y est silence, même l'eau claire.
Les figures de proue ont les yeux encore
Clos, à l'avant de ces lumières closes.

Et les rameurs sont endormis, le front
Dans leurs bras repliés en dehors des siècles.
La marque sur leur épaule, rouge sang,
Tristement brille encore, dans la brume
Que ne dissipe pas le vent de l'aube.

# LE PAYS DU SOMMET
# DES ARBRES

## I

L'enfant semblait errer au sommet de l'arbre,
On ne comprenait pas son corps, enveloppé
D'un feu, d'une fumée, que la lumière
Trouait d'un coup, parfois, comme une rame.

Il montait, descendait un peu, il s'arrêtait,
Il s'éloignait entre les pyramides
Du pays du sommet des arbres, qui sont rouges
Par leur flanc qui retient le soleil encore.

L'enfant allait chantant, rêvant sa vie.
Était-il seul en son jardin de palmes ?
On dit que le soleil s'attarde parfois
Pour une nuit, au port d'un rêve simple.

On dit aussi que le soleil est une barque
Qui passe chaque soir la cime du ciel.
Les morts sont à l'avant, qui voient le monde
Se redoubler sans fin d'autres étoiles.

## II


L'enfant redescendit plus tard, de branche en branche
Dans ce qui nous parut un ciel étoilé.
Rien ne distinguait plus dans ce silence
La cime bleue des arbres et des mondes.

Il chantait, il riait, il était nu,
Son corps était d'avant que l'homme, la femme
Ne se fassent distincts pour retrouver
Criant, dans une joie, une espérance.

Il était le chant même. Qui s'interrompt
Parfois, le pied cherchant l'appui qui manque,
Puis qui reprend et, dirait-on, se parle, telles deux voix
À l'avant d'une barque qui s'éloigne.

On dit que la lumière est un enfant
Qui joue, qui ne veut rien, qui rêve ou chante.
Si elle vient à nous c'est par jeu encore,
Touchant le sol d'un pied distrait, qui serait l'aube.

# LA NUIT D'ÉTÉ

## I

Tu as été sculptée à une proue,
Le temps t'a corrodée comme eût fait l'écume,
Il a fermé tes yeux une nuit d'orage,
Il a taché de sel ton sein presque nu.

Ô sainte aux mains brûlées que recolore
L'adoration d'encore quelques fleurs,
Sanctuaire de l'épars et du fugitif
Au bout des champs ensemencés de rouille,

Que de sommeil dans ta nuque penchée,
Que d'ombre, dans les feuilles sèches sur les dalles !
On dirait notre chambre d'une autre année,
Le même lit mais les persiennes closes.

## II

Et là, parmi les fleurs des champs, celles de cire
Ne sont pas les moins émouvantes, peintes clair
Comme le veut l'espérance qui rêve
Même où s'est effacé le souvenir.

Et l'incroyant, qui s'attarde auprès d'elles,
Prend lui aussi la coupelle de verre,
L'élève, irrépressiblement, devant l'image,
Y reproduit le miracle du feu,

Puis la pose, infinie, et reprend sa route,
Ayant aimé le signe, faute du sens.
Qu'est-ce dans cette flamme qui va noircir,
Se dit-il, quel est dans ma voix le mot qui manque ?

Tout est si lumineux pourtant, quand la nuit tombe,
Pourquoi dans toute vie une arche est-elle
Plus basse, et l'eau qu'elle fascine plus violente
À se jeter sous la voûte sonore ?

# III

Et quelle énigme un lieu, quand ainsi les choses
Sont presque l'évidence bien que la mort !
On croirait qu'il y a de l'être, tant la lumière
Peut diminuer sans cesser d'être vive.

Et c'est aussi comme ces bruits de voix
Que l'on entend le soir sur l'eau tranquille.
Ils vont plus vite que l'onde que fait la pierre,
On ne distingue plus le lointain du proche.

Qui parle là, si près de nous bien qu'invisible ?
Qui marche là, dans l'éblouissement mais sans visage ?
Ainsi venaient les dieux, jadis, à des enfants
Qui jettent des cailloux sur l'eau, quand la nuit tombe.

## IV

Tu vas, ta main contre la barque touche l'eau.
Les rameurs n'ont plus de visage.
Au ciel, l'Ourse est passée dans des branches claires.
La robe de la Vierge s'est déchirée.

Ne sommes-nous qu'un arbre qui a pris feu
Dans la durée sans conscience de soi ?
Frappe parfois la foudre contre des feuilles
Et la parole est braise, qui végète

Au coude de deux branches. Puis brûle l'arbre
Et un second peut-être. Mais le ciel
A son autre lumière. Et n'a pas cessé
Le cycle de l'indifférence de l'étoile.

V

Tu vas, et il te semble encore que s'élargit
Le fleuve de la lune sur les arbres.
Peut-être qu'une vie tressaille, dans le miroir
De la forêt qui reflète les mondes ?

Mais non, astres et branches se confondent,
Et rêves et chemins. La nuit est une pierre
Qui barre étincelante le cours du fleuve.
À quatre heures déjà le jour se lève.

# LA BARQUE
## AUX DEUX SOMMEILS

### I

Glisse la barque étroite aux deux sommeils
Qui respirent l'un près de l'autre, sans recherche
De rien, dans l'immobilité, qu'un même souffle.
À l'aube le courant va plus rapide,
La barre qu'on n'entend pas de nuit gronde là-bas,
L'enfant qui joue à l'avant de la barque

Alors a compassion et se rapproche
Car ceux qui dorment là n'ont pas de visage,
Rien que ces deux flancs nus qui firent confiance
L'un à la joie de l'autre ; et l'aube est froide,
L'eau sombre a des reflets d'une autre lumière.

Il s'approche, il se penche,
Il voit dans leur travail l'homme, la femme,
C'est une terre pauvre, dont les voies
Sont emplies d'eau comme après les orages.
Il place dans ce sol
Le germe d'une plante, qui recouvre
De ses palmes bientôt, sans souvenirs,
Le lieu de l'origine, aux rives basses.

C'est elle qu'il pressent, depuis déjà
Les premiers mots en lui, quand il regarde
Monter le soir ces piliers de fumée
Là-bas, loin dans la paix des deux branches du fleuve.

Et c'est elle qu'il veut, contre le ciel,
Voir croître chaque jour, dans l'évidence
Des oiseaux qui se croisent en criant.
Il ira tard le soir dans son feuillage,
Il cherchera le fruit dans la couleur,
Il en pressera l'or dans ses mains paisibles,

Puis il prendra la barque, il ira poser
Le vin du temps désert, dans une jarre,
Au pied du dieu du rêve, agenouillé
Les yeux clos, souriant,
Dans les herbes lourdes de graines du bord du fleuve.

## II

Ils dorment. Fut vaincu enfin le temps qui œuvre
Contre toute confiance, toute joie.
Peut-être même que leur forme laisse sourdre
La lumière du rêve, qui ruisselle
Devant beaucoup des barques qui avancent
Avant le jour dans les pays de palmes.

Ils dorment. Et l'enfant revient à la proue,
Il contemple à nouveau, qui étincelle
Maintenant, l'eau du fleuve. Puis il rassemble
Des branches pour le feu, qu'il allume, serré
Dans un vase de terre. Et il s'endort,
Coloré par la flamme qui veille seule.

III


Ils rêvent. Dans la vie comme dans les images
C'est vrai que la valeur la plus claire avoisine
L'ombre noire de là où les mots se nouent
Dans la gorge de ceux qui ne savent dire
Pourquoi ils cherchent tant, dans le temps désert.

Ils vont. Et la couleur qui brasse la nuée
Prend parfois par hasard dans ses mains de sable
Leur désir le plus nu, leur guerre, leur regret
Le plus cruel, pour en faire l'immense
Château illuminé d'une autre rive.

IV


L'étoile dans la chose a reparu,
Elle en grossit le grain qui se fait moins trouble,
La grappe de ce qui est donne à nouveau
La joie simple de boire à ceux qui errent,
Les yeux emplis de quelque souvenir.

Et ils se disent que peu importe si la vigne
En grandissant a dissipé le lieu
Où fut rêvée jadis, et non sans cris
D'allégresse, la plante qu'on appelle
Bâtir, avoir un nom, naître, mourir.

Car ils pressent leurs lèvres à la saveur,
Ils savent qu'elle sourd même des ombres,
Ils vont, ils sont aveugles comme Dieu
Quand il prend dans ses mains le petit corps
Criant, qui vient de naître, toute vie.

Et tout alors, c'est comme un vase qui prend forme,
La couleur et le sable se sont unis.
Les mondes de l'imaginaire se dissipent.
Quelque chose s'ébauche qui ressemble
À des cailloux qui brillent dans l'eau claire.

## LA TÂCHE D'ESPÉRANCE

C'est l'aube. Et cette lampe a-t-elle donc fini
Ainsi sa tâche d'espérance, main posée
Dans le miroir embué sur la fièvre
De celui qui veillait, ne sachant pas mourir ?

Mais il est vrai qu'il ne l'a pas éteinte,
Elle brûle pour lui, malgré le ciel.
Des mouettes crient leur âme à tes vitres givrées,
Ô dormeur des matins, barque d'un autre fleuve.

# DÉBUT ET FIN
# DE LA NEIGE

*Qual si posava in terra, e qual su l'onde ;*
*Qual con un vago errore*
*Girando parea dir : qui regna amore.*

PÉTRARQUE,
*Il Canzoniere*, CXXVI.

LA GRANDE NEIGE

Première neige tôt ce matin. L'ocre, le vert
Se réfugient sous les arbres.

Seconde, vers midi. Ne demeure
De la couleur
Que les aiguilles de pins
Qui tombent elles aussi plus dru parfois que la neige.

Puis, vers le soir,
Le fléau de la lumière s'immobilise.
Les ombres et les rêves ont même poids.

Un peu de vent
Écrit du bout du pied un mot hors du monde.

## LE MIROIR

Hier encore
Les nuages passaient
Au fond noir de la chambre.
Mais à présent le miroir est vide.

Neiger
Se désenchevêtre du ciel.

# LA CHARRUE

Cinq heures. La neige encore. J'entends des voix
À l'avant du monde.

Une charrue
Comme une lune au troisième quartier
Brille, mais la recouvre
La nuit d'un pli de la neige.

Et cet enfant
A toute la maison pour lui, désormais. Il va
D'une fenêtre à l'autre. Il presse
Ses doigts contre la vitre. Il voit
Des gouttes se former là où il cesse
D'en pousser la buée vers le ciel qui tombe.

## LE PEU D'EAU

À ce flocon
Qui sur ma main se pose, j'ai désir
D'assurer l'éternel
En faisant de ma vie, de ma chaleur,
De mon passé, de ces jours d'à présent,
Un instant simplement : cet instant-ci, sans bornes.

Mais déjà il n'est plus
Qu'un peu d'eau, qui se perd
Dans la brume des corps qui vont dans la neige.

Neige
Fugace sur l'écharpe, sur le gant
Comme cette illusion, le coquelicot,
Dans la main qui rêva, l'été passé
Sur le chemin parmi les pierres sèches,
Que l'absolu est à portée du monde.

Pourtant, quelle promesse
Dans cette eau, de contact léger, puisqu'elle fut,
Un instant, la lumière ! Le ciel d'été
N'a guère de nuées pour entrouvrir
Plus clair chemin sous des voûtes plus sombres.

Circé
Sous sa pergola d'ombres, l'illuminée,
N'eut pas de fruits plus rouges.

# LA VIERGE DE MISÉRICORDE

Tout, maintenant,
Bien au chaud
Sous ton manteau léger,
Presque rien que de brume et de broderie,
Madone de miséricorde de la neige.

Contre ton corps
Dorment, nus,
Les êtres et les choses, et tes doigts
Voilent de leur clarté ces paupières closes.

# LE JARDIN

Il neige.
Sous les flocons la porte
Ouvre enfin au jardin
De plus que le monde.

J'avance. Mais se prend
Mon écharpe à du fer
Rouillé, et se déchire
En moi l'étoffe du songe.

## LES POMMES

Et que faut-il penser
De ces pommes jaunes ?
Hier, elles étonnaient, d'attendre ainsi, nues
Après la chute des feuilles,

Aujourd'hui elles charment
Tant leurs épaules
Sont, modestement, soulignées
D'un ourlet de neige.

## L'ÉTÉ ENCORE

J'avance dans la neige, j'ai fermé
Les yeux, mais la lumière sait franchir
Les paupières poreuses, et je perçois
Que dans mes mots c'est encore la neige
Qui tourbillonne, se resserre, se déchire.

Neige,
Lettre que l'on retrouve et que l'on déplie,
Et l'encre en a blanchi et dans les signes
La gaucherie de l'esprit est visible
Qui ne sait qu'en enchevêtrer les ombres claires.

Et on essaye de lire, on ne comprend pas
Qui s'intéresse à nous dans la mémoire,
Sinon que c'est l'été encore ; et que l'on voit
Sous les flocons les feuilles, et la chaleur
Monter du sol absent comme une brume.

On dirait beaucoup d'e muets dans une phrase.
On sent qu'on ne leur doit
Que des ombres de métaphores.

On dirait,
Dès qu'il neige plus dru,
De ces mains qui repoussent d'autres mains

Mais jouent avec les doigts qu'elles refusent.

Flocons,
Bévues sans conséquences de la lumière.
L'une suit l'autre et d'autres encore, comme si
Comprendre ne comptait plus, rire davantage.

Et Aristote le disait bien,
Quelque part dans sa *Poétique* qu'on lit si mal,
C'est la transparence qui vaut,
Dans des phrases qui soient comme une rumeur d'abeilles,
    comme une eau claire.

## DE NATURA RERUM

Lucrèce le savait :
Ouvre le coffre,
Tu verras, il est plein de neige
Qui tourbillonne.

Et parfois deux flocons
Se rencontrent, s'unissent,
Ou bien l'un se détourne, gracieusement
Dans son peu de mort.

D'où vient qu'il fasse clair
Dans quelques mots
Quand l'un n'est que la nuit,
L'autre, qu'un rêve ?

D'où viennent ces deux ombres
Qui vont, riant,
Et l'une emmitouflée
D'une laine rouge ?

## LA PARURE

Il neige. Âme, que voulais-tu
Que tu n'aies eu de naissance éternelle ?
Vois, tu as là
Pour la mort même une robe de fête.

Une parure comme à l'adolescence,
De celles que l'on prend à mains soucieuses
Car l'étoffe en est transparente et reste près
Des doigts qui la déploient dans la lumière,
On sait qu'elle est fragile comme l'amour.

Mais des corolles, des feuilles y sont brodées,
Et déjà la musique se fait entendre
Dans la salle voisine, illuminée.
Une ardeur mystérieuse te prend la main.

Tu vas, le cœur battant, dans la grande neige.

## NOLI ME TANGERE

Hésite le flocon dans le ciel bleu
À nouveau, le dernier flocon de la grande neige.

Et c'est comme entrerait au jardin celle qui
Avait bien dû rêver ce qui pourrait être,
Ce regard, ce dieu simple, sans souvenir
Du tombeau, sans pensée que le bonheur,
Sans avenir
Que sa dissipation dans le bleu du monde.

« Non, ne me touche pas », lui dirait-il,
Mais même dire non serait de lumière.

Juste avant l'aube
Je regarde à travers les vitres, et je crois comprendre
Qu'il a cessé de neiger. Une flaque bleue
S'étend, brillante un peu, devant les arbres,
D'une paroi à l'autre de la nuit.

Je sors.
Je descends précautionneusement l'escalier de bois
Dont les marches sont nivelées par la neige fraîche.
Le froid cerne et pénètre mes chevilles,
Il semble que l'esprit en soit plus clair,
Qui perçoit mieux le silence des choses.

Dort-il encore
Dans l'enchevêtrement du tas de bois
Serré sous la fenêtre,
Le chipmunk, notre voisin simple,
Ou est-il déjà à errer dans les crissements et le froid ?
Je vois d'infimes marques devant la porte.

LES FLAMBEAUX

Neige
Qui as cessé de donner, qui n'es plus
Celle qui vient mais celle qui attend
En silence, ayant apporté mais sans qu'encore
On ait pris, et pourtant, toute la nuit,
Nous avons aperçu, dans l'embuement
Des vitres parfois même ruisselantes,
Ton étincellement sur la grande table.

Neige, notre chemin,
Immaculé encore, pour aller prendre
Sous les branches courbées et comme attentives
Ces flambeaux, ce qui est, qui ont paru
Un à un, et brûlé, mais semblent s'éteindre
Comme aux yeux du désir quand il accède
Aux biens dont il rêvait (car c'est souvent
Quand tout se dénouerait peut-être, que s'efface
En nous de salle en salle le reflet
Du ciel, dans les miroirs), ô neige, touche

Encore ces flambeaux, renflamme-les
Dans le froid de cette aube ; et qu'à l'exemple

De tes flocons qui déjà les assaillent
De leur insouciance, feu plus clair,
Et malgré tant de fièvre dans la parole
Et tant de nostalgie dans le souvenir,
Nos mots ne cherchent plus les autres mots mais les
    avoisinent,
Passent auprès d'eux, simplement,
Et si l'un en a frôlé un, et s'ils s'unissent,
Ce ne sera qu'encore ta lumière,
Notre brièveté qui se dissémine,
L'écriture qui se dissipe, sa tâche faite.

(Et tel flocon s'attarde, on le suit des yeux,
On aimerait le regarder toujours,
Tel autre s'est posé sur la main offerte.

Et tel plus lent et comme égaré s'éloigne
Et tournoie, puis revient. Et n'est-ce dire
Qu'un mot, un autre mot encore, à inventer,
Rédimerait le monde ? Mais on ne sait
Si on entend ce mot ou si on le rêve.)

HOPKINS FOREST

.

J'étais sorti
Prendre de l'eau au puits, auprès des arbres,
Et je fus en présence d'un autre ciel.
Disparues les constellations d'il y a un instant encore,
Les trois quarts du firmament étaient vides,
Le noir le plus intense y régnait seul,
Mais à gauche, au-dessus de l'horizon,
Mêlé à la cime des chênes,
Il y avait un amas d'étoiles rougeoyantes
Comme un brasier, d'où montait même une fumée,

Je rentrai
Et je rouvris le livre sur la table.
Page après page,
Ce n'étaient que des signes indéchiffrables,
Des agrégats de formes d'aucun sens
Bien que vaguement récurrentes,
Et par-dessous une blancheur d'abîme
Comme si ce qu'on nomme l'esprit tombait là, sans bruit.
Comme une neige.
Je tournai cependant les pages.

Bien des années plus tôt,
Dans un train au moment où le jour se lève
Entre Princeton Junction et Newark,
C'est-à-dire deux lieux de hasard pour moi,
Deux retombées des flèches de nulle part,
Les voyageurs lisaient, silencieux
Dans la neige qui balayait les vitres grises,
Et soudain,
Dans un journal ouvert à deux pas de moi,
Une grande photographie de Baudelaire,
Toute une page
Comme le ciel se vide à la fin du monde
Pour consentir au désordre des mots.

J'ai rapproché ce rêve et ce souvenir
Quand j'ai marché, d'abord tout un automne
Dans des bois où bientôt ce fut la neige
Qui triompha, dans beaucoup de ces signes
Que l'on reçoit, contradictoirement,
Du monde dévasté par le langage.
Prenait fin le conflit de deux principes,
Me semblait-il, se mêlaient deux lumières,
Se refermaient les lèvres de la plaie.
La masse blanche du froid tombait par rafales
Sur la couleur, mais un toit au loin, une planche
Peinte, restée debout contre une grille,
C'était encore la couleur, et mystérieuse
Comme un qui sortirait du sépulcre et, riant :
« Non, ne me touche pas », dirait-il au monde.

Je dois vraiment beaucoup à Hopkins Forest,
Je la garde à mon horizon, dans sa partie

Qui quitte le visible pour l'invisible
Par le tressaillement du bleu des lointains.
Je l'écoute, à travers les bruits, et parfois même,
L'été, poussant du pied les feuilles mortes
D'autres années, claires dans la pénombre
Des chênes trop serrés parmi les pierres,
Je m'arrête, je crois que ce sol s'ouvre
À l'infini, que ces feuilles y tombent
Sans hâte, ou bien remontent, le haut, le bas
N'étant plus, ni le bruit, sauf le léger
Chuchotement des flocons qui bientôt
Se multiplient, se rapprochent, se nouent
— Et je revois alors tout l'autre ciel,
J'entre pour un instant dans la grande neige.

# LE TOUT, LE RIEN

# I


C'est la dernière neige de la saison,
La neige de printemps, la plus habile
À recoudre les déchirures du bois mort
Avant qu'on ne l'emporte puis le brûle.

C'est la première neige de ta vie
Puisque, hier, ce n'étaient encore que des taches
De couleur, plaisirs brefs, craintes, chagrins
Inconsistants, faute de la parole.

Et je vois que la joie prend sur la peur
Dans tes yeux que dessille la surprise
Une avance, d'un grand bond clair : ce cri, ce rire
Que j'aime, et que je trouve méditable.

Car nous sommes bien proches, et l'enfant
Est le progéniteur de qui l'a pris
Un matin dans ses mains d'adulte et soulevé
Dans le consentement de la lumière.

## II

Oui, à entendre, oui, à faire mienne
Cette source, le cri de joie, qui bouillonnante
Surgit d'entre les pierres de la vie
Tôt, et si fort, puis faiblit et s'aveugle.

Mais écrire n'est pas avoir, ce n'est pas être,
Car le tressaillement de la joie n'y est
Qu'une ombre, serait-elle la plus claire,
Dans des mots qui encore se souviennent

De tant et tant de choses que le temps
A durement labourées de ses griffes,
— Et je ne puis donc faire que te dire
Ce que je ne suis pas, sauf en désir.

Une façon de prendre, qui serait
De cesser d'être soi dans l'acte de prendre,
Une façon de dire, qui ferait
Qu'on ne serait plus seul dans le langage.

## III

Te soit la grande neige le tout, le rien,
Enfant des premiers pas titubants dans l'herbe,
Les yeux encore pleins de l'origine,
Les mains ne s'agrippant qu'à la lumière.

Te soient ces branches qui scintillent la parole
Que tu dois écouter mais sans comprendre
Le sens de leur découpe sur le ciel,
Sinon tu ne dénommerais qu'au prix de perdre.

Te suffisent les deux valeurs, l'une brillante,
De la colline dans l'échancrure des arbres,
Abeille de la vie, quand se tarira
Dans ton rêve du monde ce monde même.

Et que l'eau qui ruisselle dans le pré
Te montre que la joie peut survivre au rêve
Quand la brise d'on ne sait où venue déjà disperse
Les fleurs de l'amandier, pourtant l'autre neige,

# LA SEULE ROSE

# I

Il neige, c'est revenir dans une ville
Où, et je le découvre en avançant
Au hasard dans des rues qui toutes sont vides,
J'aurais vécu heureux une autre enfance.
Sous les flocons j'aperçois des façades
Qui ont beauté plus que rien de ce monde.
Seuls parmi nous Alberti puis San Gallo
À San Biagio, dans la salle la plus intense
Qu'ait bâtie le désir, ont approché
De cette perfection, de cette absence.

Et je regarde donc, avidement,
Ces masses que la neige me dérobe.
Je recherche surtout, dans la blancheur
Errante, ces frontons que je vois qui montent
À un plus haut niveau de l'apparence.
Ils déchirent la brume, c'est comme si
D'une main délivrée de la pesanteur
L'architecte d'ici avait fait vivre
D'un seul grand trait floral
La forme que voulait de siècle en siècle
La douleur d'être né dans la matière.

## II

Et là-haut je ne sais si c'est la vie
Encore, ou la joie seule, qui se détache
Sur ce ciel qui n'est plus de notre monde.
Ô bâtisseurs
Non tant d'un lieu que d'un regain de l'espérance,
Qu'y a-t-il au secret de ces parois
Qui devant moi s'écartent ? Ce que je vois
Le long des murs, ce sont des niches vides,
Des pleins et des déliés, d'où s'évapore
Par la grâce des nombres
Le poids de la naissance dans l'exil,
Mais de la neige s'y est mise et s'y entasse,
Je m'approche de l'une d'elles, la plus basse,
Je fais tomber un peu de sa lumière,
Et soudain c'est le pré de mes dix ans,
Les abeilles bourdonnent,
Ce que j'ai dans mes mains, ces fleurs, ces ombres,
Est-ce presque du miel, est-ce de la neige ?

# III


J'avance alors, jusque sous l'arche d'une porte.
Les flocons tourbillonnent, effaçant
La limite entre le dehors et cette salle
Où des lampes sont allumées : mais elles-mêmes
Une sorte de neige, qui hésite
Entre le haut, le bas, dans cette nuit.
C'est comme si j'étais sur un second seuil.

Et au-delà ce même bruit d'abeilles
Dans le bruit de la neige. Ce que disaient
Les abeilles sans nombre de l'été,
Semble le refléter l'infini des lampes.

Et je voudrais
Courir, comme du temps de l'abeille, cherchant
Du pied la balle souple, car peut-être
Je dors, et rêve, et vais par les chemins d'enfance.

# IV

Mais ce que je regarde, c'est de la neige
Durcie, qui s'est glissée sur le dallage
Et s'accumule aux bases des colonnes
À gauche, à droite, et loin devant dans la pénombre.
Absurdement je n'ai d'yeux que pour l'arc
Que cette boue dessine sur la pierre.
J'attache ma pensée à ce qui n'a
Pas de nom, pas de sens. Ô mes amis,
Alberti, Brunelleschi, San Gallo,
Palladio qui fais signe de l'autre rive,
Je ne vous trahis pas, cependant, j'avance,
La forme la plus pure reste celle
Qu'a pénétrée la brume qui s'efface,
La neige piétinée est la seule rose.

# LÀ OÙ RETOMBE
# LA FLÈCHE

I

Perdu. À quelques pas de la maison, cependant, à guère plus que trois jets de pierre.

Là où retombe la flèche qui fut lancée au hasard.

Perdu, sans drame. On me retrouvera. Des voix se dresseront de toutes parts sur le ciel, dans la nuit qui tombe.

Et il n'est que quatre heures, il y a donc encore beaucoup de jour pour continuer à se perdre — allant, courant parfois, revenant — parmi ces pierres brisées et ces chênes gris dans le bois coupé de ravins qui cherche partout l'infini, sous l'horizon tumultueux, mais ici, devant le pas, se resserre.

Nécessairement, je vais rencontrer une route.

Je verrai une grange en ruine, d'où partait bien une piste.

Appellerai-je ? Non, pas encore.

## II

Perdu, pourtant. Car il lui faut décider, presque à tout instant, et voici qu'il ne peut le faire. Rien ne lui parle, rien ne lui est plus un indice. L'idée même d'indice se dissipe. Dans l'empreinte qu'avait laissée la parole, sur ce qui est, l'eau de l'apparence déserte est remontée, brille seule.

Chaque mot : quelque chose de clos maintenant, une surface mate sans rien qui vibre, une pierre.

Il peut l'articuler, il peut dire : le chêne.

Mais quand il a dit : le chêne — et à voix haute, pourquoi ? — le mot reste, dans son esprit, comme dans la main la clef qui n'a pas joué se fait lourde. Et la figure de l'arbre se clive, se fragmente et se rassemble plus haut, dans l'absolu, comme quand on regarde ces bossellements du verre qu'il y a dans d'anciennes vitres.

La couleur, rejetée sur le bord de l'image par le gon-flement dans le verre. Ce qu'on appelle la forme troué d'un ressaut — démenti. Comme si s'était ouverte la main qui garde serrées couleurs et formes.

## III

Perdu. Et les choses accourent de toutes parts, se pressent autour de lui. Il n'y a plus d'ailleurs dans cet instant où il veut l'ailleurs, si intensément.

Mais le veut-il ?

Et quelque chose accourt du centre même des choses. Il n'y a plus d'espace entre lui et la moindre chose.

Seule la montagne là-bas, très bleue, l'aide ici à respirer dans cette eau de ce qui est, qui remonte.

Familière pourtant cette impression d'une poussée qui s'exerce sur lui de par le dedans de tout. Hier, déjà, que de chemins trop abrupts vers le point de fuite, dans l'encre répandue des nuages ! Que de mots qui venaient d'il ne savait où, parmi les mots ! Que de ses jouets qui d'un seul coup n'étaient plus le petit damier ou les cubes couverts d'images mais le bois usé par le bord, la fibre qui perce la couleur.

On lui disait, de loin : Viens, et il n'entendait que cet éclaboussement du son qui se répand sur les dalles.

# IV

Il se souvient qu'un oiseau avait marché devant lui tout un moment quand c'était le chemin encore.

Il va droit, depuis deux minutes. Mais le voici arrêté par de l'eau qui bouge parmi des souches. Il y a de la boue dans cette eau claire, une sorte de poudre bleue qui tourne sur soi là où le courant presque imperceptible frappe l'arête brillante d'une roche.

S'il avait plu il retrouverait la trace de ses pas, mais la terre est sèche.

Le sentier qu'il avait suivi laissait le soleil à sa gauche. C'est là où il tournait qu'il y avait eu près du bord ces trois pierres tachées de blanc, comme peintes.

V

Mais pourquoi gravit-il maintenant cette butte presque escarpée, encore que les arbres y soient aussi serrés qu'en dessous, le long d'étroites ravines ? Ce n'est sûrement pas par ici que le chemin passe.

Et ce n'est pas de là-haut qu'il aura vue.

Ni pourra crier son appel.

Je le vois pourtant qui monte parmi les fûts, dans les pierres.

S'aidant d'une branche basse quand il sent le sol trop glissant à cause des feuilles sèches parmi lesquelles il y a toujours ces cailloux roulant sur d'autres cailloux : losanges de bord acéré et de couleur grise, tachée de rouge.

Je le vois — et j'imagine la cime. Quelques mètres d'à-plat, mais si indistincts du fait de ces ronces qui atteignent parfois aux branches. La même confusion, le même hasard que partout ailleurs dans le bois, mais ainsi en est-il pour tout ce qui vit. Un oiseau s'envole, qu'il ne voit pas. Un pin tombé une nuit de vent barre la pente qui recommence.

Et j'entends en moi cette voix, qui sourd du fond de l'enfance : Je suis venu ici, déjà — disait-elle alors —, je connais ce lieu, j'y ai vécu, c'était avant le temps, c'était avant moi sur la terre.

Je suis le ciel, la terre.

Je suis le roi. Je suis ce tas de glands que le vent a poussés dans le creux qui est entre ces racines.

# VI

Il a dix ans. L'âge où l'on regarde les ombres se déplacer, est-ce par saccades ? et la déchirure dans le papier des murs, et le clou planté dans le plâtre avec autour du métal rouillé les infimes écaillements de l'incompréhensible matière. S'est-il perdu ? En fait, il avance depuis longtemps parmi de grandes énigmes. Il a toujours été seul. Il s'est assis sur l'arbre tombé, il pleure.

Perdu ! C'est comme si l'au-delà que scelle le point de fuite venait se pencher sur lui, et le touchait à l'épaule.

Lever les yeux, alors. Quand deux directions sollicitent également, à un carrefour, le cœur bat plus fort et plus sourd, mais les yeux sont libres. Ce soir, à la maison, qu'il place des bûches sur le feu, comme on lui permet de le faire : il les verra brûler dans un autre monde.

Qu'il parle, pour lui seul : les mots retentiront dans un autre monde.

Et plus tard, bien plus tard, de longues années plus tard, seul, seul toujours dans sa chambre avec ce livre qu'il a écrit : il le prendra dans ses mains, regardera les lettres noires du titre sur le carton léger, teint de bleu. Il en séparera quelques pages, pour qu'il soit debout sur la table.

Puis il en approchera une allumette enflammée, une tache brune puis noire va naître dans la couleur, s'y élargira, se trouera, un liseré de feu clair en mordra les bords, qu'il écrasera du doigt avant de redresser la brochure pour réinscrire le signe à un autre endroit de la couverture. Voici maintenant que tout un coin de celle-ci est tombé. Le papier glacé, très blanc, de la première page, est apparu au-dessous, atteint lui-même, jauni, par la chaleur.

Il pose le livre, il va garder en esprit, il ne sait encore pourquoi, le mariage des phrases et de la cendre.

VII


L'aboi d'un chien, qui a mis fin à sa peur. Le pilier du soleil parmi les nuages, le soir. Les flaques que l'écolier voit étinceler dans les mots, dans l'à venir de sa vie, quand il pousse sa plume rêche dans l'enchevêtrement de la dictée trop rapide.


Et toute branche devant le ciel, à cause des évasements, des resserrements de sa masse. L'invisible qui là bouillonne, comme la source au dégel, violente. Et les baies rouges, parmi les feuilles.


Et la lumière, au retour ; la flamme en quoi tout commence et tout prend fin.

# LA VIE ERRANTE

« LIS LE LIVRE ! »

Le jardin était d'orangers, l'ombre bleue, des oiseaux pépiaient dans les branches. Le grand vaisseau, tous feux allumés, avançait lentement, entre ces rives silencieuses. Qu'est-ce que la couleur, se demanda celui qui venait de pousser la petite porte basse, dont le bois s'effritait, s'en allait par plaques après tant d'années, tant de pluies. Peut-être est-elle le signe que Dieu nous fait à travers le monde, parce que de ce vert à ce bleu ou à cet ocre un peu rouge c'est en somme comme une phrase mais qui n'a pas de sens, et qui donc se tait, comme lui ? Le bateau s'était arrêté, mieux visibles étaient maintenant toutes ces personnes qui allaient et venaient sur un des ponts, silhouettes noires au-dessus de petites flammes, dans des fumées. Mais le monde n'a pas de couleurs, comme on le croit si naïvement, se dit-il encore, c'est la couleur qui est, seule, et ses ombres à lui, lieux ou choses, ne sont que la façon qu'elle a de se nouer à soi seule, de s'inquiéter de soi, de chercher rivage. La nuit tombe, le jour se lève, mais c'est toujours le même bleu, parfois gris, ou le même rouge à travers les heures, n'est-ce pas ? Et quant aux mots ! — On descendait du bateau, déjà, des enfants, beaucoup d'enfants qui couraient en tous sens, riaient, puis une femme âgée, la tête ceinte de flammes, puis un vieillard au bras d'un jeune homme, vêtu de blanc. Et combien d'autres encore ! Mais lui, déjà, cet autre arrivant, ne regardait plus, qui avançait tout pensif dans le jardin des orangers, sur le sable.

Quant aux mots ! Qui a prétendu qu'ils ne sont des choses qu'une évocation imparfaite, à cause de leurs sons — de leurs couleurs — qui ajouteraient leur rumeur au monde ? Le mot nuit est clair, mais la nuit aussi, tout autant qu'elle est obscure. Ou plutôt la nuit n'est ni claire ni obscure, ce n'est qu'un mot, simplement, comme l'orange tombée, comme l'herbe bleue. Il foulait maintenant, toujours méditant, cette herbe d'entre les arbres, parmi lesquels il allait s'asseoir car sa fatigue s'était accrue depuis qu'il avait franchi le seuil du jardin, tout le poids de la chaleur des rues de l'été sur la nuque. Grande, noire la femme qui est venue s'accouder à cette fenêtre, près de son fils. Tous deux regardent sans rien se dire la nuit tomber, ou bien c'est le jour qui se lève, un peu de rouge très sombre, et c'est au-dessus du port, de ce côté des quais où il est désert, couvert même de grosses pierres.

Et demain le bateau repartira, eux à bord, ou bien il va rester là, à rouiller, et eux-mêmes en sont descendus, hier, quand ? et marchent maintenant, presque au hasard, sur le sable. Je te connais bien, disait-il quand il n'était qu'un enfant encore à la petite fille vêtue de rouge. Je te connais, je te reconnais, tu venais vers moi depuis si longtemps avec ces palmes entre les mains, c'était le ciel, n'est-ce pas ? et derrière toi, si menue, c'était de la couleur pure, dressée contre la jetée du temps en hautes vagues avec des tourbillons mais sans bruit.

Il va plus avant encore dans le jardin. Ce sont partout de grandes allées désormais, leurs voûtes de feuilles et de fruits se resserrent au loin sur une ombre bleue de mosaïque, où peut-être une étoile brille, mais cette voie qu'il a voulu suivre, puis l'autre, tôt après, puis d'autres encore, bifurquent vite, sur le sable très fin où le pas enfonce comme sur une pente de dune. Les oranges sont mûres, lourdes, nombreuses dans la corbeille sans fond des branches basses. Un banc est là, il s'assied, il pose près de lui ce livre qu'il ne songe pas à ouvrir. La mère et le fils devant la nuit, avec le feu derrière eux sur deux pierres dressé dans la chambre obscure. Le ciel étoilé sous leurs pieds, à l'infini, grappes éblouissantes sans vibrations, sans rayons dans le noir d'encre.

Et que tout est paisible, là, près du banc, accoté au tronc d'un vieil arbre ! Que la chaleur a de broderies presque transparentes dans l'étoffe de l'herbe bleue ! Que la somnolence du monde est bonne à vivre, grand corps nu qui bouge parfois sans s'éveiller, cheveux épars sur les draps où alternent les ombres et la lumière du store ! Il écoute ce souffle égal. Il se redresse un peu.

Il prend cette main qui est inconsciente de soi, il en desserre un à un les doigts qui ne résistent pas, laissant échapper sans doute un peu du rêve.

Mais qu'entend-il, depuis un moment ? Qu'est-ce que ce bruit monotone, semblable aux petits coups irritants qu'il frappait sans se lasser, dans le jardinet des années d'enfance, de son petit râteau contre un seau de fer, parfois plein à ras bord de terre mouillée ? Trois coups, puis un arrêt, puis trois coups encore, ou quatre, et à nouveau le mystère du silence, et ainsi de suite et pour si longtemps, bien qu'il ne le voulût pas ! Il craignait qu'on ne descendît de là-haut pour lui crier de la lassitude, mais personne ne s'exclamait, aucun pas ne se précipitait vers lui du haut des marches, il lui fallait donc avancer encore, sous tous ces ciels, toujours seul.

« Lis le livre ! » Il a compris, brusquement, que ce sont des mots, ce bruit qu'il entendait, qu'il écoute, les mots d'un enfant qui chantonne, qui joue à psalmodier, seul sans doute sous une véranda dans une maison voisine, un petit garçon assis dans un fauteuil de rotin, et qui se balance, tenant dans ses mains un livre d'images dont s'échappe de la couleur.

Et il se lève d'un bond, il va droit, déjà, parmi les arbres qui s'effacent devant lui, il trouve cette autre porte, elle aussi barrière basse, décolorée, qui ouvre à l'autre jardin, il suit le bout de chemin de vieille terre battue, il gravit les marches. L'enfant s'est tu.

Il est penché sur le livre, qu'il tient posé devant lui sur une petite table, où il y a aussi des crayons, des pinceaux, et quelques fioles de couleurs claires. Et lui, l'arrivant, il approche encore. « Je prendrai dans mes mains ton petit visage, mon Dieu. Je le tournerai vers moi, doucement. Je te dirai, rouvre les yeux, pardonne-moi d'avoir erré sur la terre. »


Mais non, il n'a pas quitté le banc sous les orangers, et son livre à lui ce n'est qu'un cahier de gros papier gris, ou brun jaune, cousu par de la ficelle, où on avait commencé à dessiner, autrefois, et pour lui sans doute — pour un enfant —, de ces grandes choses et êtres et bêtes simples avec lesquels, gauchement, il lui faudrait, lui avait-on dit, qu'il vive, et aussi bien meure, un jour. L'orange dans l'oranger, le bateau qui avance parmi les branches, la belle figure — cette femme — debout en noir à la proue, et le chien, le chat, le bol du lait du chat que le chien renverse, la souris qui court, le petit garçon, la petite fille. Et quelques mots, si ce sont des mots ces ombres qui bougent, quelques phrases, si ce sont des phrases ces cris de reconnaissance soudaine, ces étreintes, ces mains qui se rencontrent comme à jamais, ces statues aux yeux clos, ces grands nuages là-bas, rouges puisque déjà le soleil se couche. Lire le livre, quel livre ?


Il croit maintenant que la voix s'est tue, que la véranda là-bas est déserte, comme le jardin alentour, comme les routes blanches plus loin encore, comme le monde.

Il croit qu'il n'y a que de la couleur, dans le monde, à déteindre, à s'écouler dans le sable. Il espère, pourtant, il rêve qu'une main dont il ne sait rien écarte ses doigts à lui, un à un, doucement, pour y placer un des crayons de couleur, puis les resserre, sans que rien n'ait été dit, cependant, sans que personne ne soit venu du fond de la maison pour l'aider à créer le monde.

# LA VIE ERRANTE

# L'ALCHIMISTE
## DE LA COULEUR

Il s'était persuadé que, de même qu'on peut produire
de l'or à partir des métaux les plus ordinaires, de même
on peut transmuter les couleurs — ces minéraux de
l'esprit — en l'équivalent de l'or, la lumière.

Il se mit donc au travail. Il mêla les couleurs les plus
diverses mais ce n'était jamais que du gris, cette boue
qui en résultait sur la planchette de bonne taille, bien
lisse, qu'il avait voulue pour ces expériences. Jours, puis
années de recherche ! Les nombres les plus singuliers,
empruntés à Pythagore, aux platoniciens, aux caba-
listes, proportionnèrent les quantités de bleu, de rouge
qu'il proposait au vert, au jaune safran, à l'indigo, mais
en vain. Les terres les plus rares furent broyées et tout
aussi bien les plus grossières. Les eaux les plus pures,
mais parfois aussi les plus troubles, de celles où l'on
voit des irisations passer, rapides comme des rêves,
lavèrent ces erreurs, contredirent ces désespoirs, mais
en vain, mais en vain toujours. Les couleurs avaient
beau se rencontrer, s'imprégner l'une de l'autre, des
palettes de bois — voire les pinceaux les plus fins, ceux

qu'on emploie pour farder le bord des paupières, pour approfondir le regard — avaient beau les fondre aussi patiemment, aussi intimement que possible, jamais rien n'y filtrait de cette lumière qui ferait du panneau de bois un miroir et même, pensait l'alchimiste penché sur l'œuvre, bien davantage : car la lumière du monde n'est qu'un reflet de la véritable, n'est-ce pas, même le plein midi n'est qu'une ombre. Du gris, indéfiniment du gris, à chaque fois que le travail cessait, que les yeux anxieux prenaient recul, questionnaient. Du gris bien qu'à des moments cette ombre se fît très blanche, comme une éclaircie entre deux averses.

Un matin, toutefois, le chercheur obstiné — mais qui vieillissait, qui se lassait, qui en venait même parfois à s'interrompre, pour plusieurs jours — laissa tomber d'un flacon une goutte d'une couleur de plus sur le mélange inutile. Et son attention qui avait faibli fut soudain requise, il ressentit sans savoir encore pourquoi la brusque poussée d'une espérance.

Et c'est peut-être parce qu'à côté de ce peu de rouge très sombre, très saturé, une valeur claire avait paru, par contraste, ce qui faisait croire à comme un reflet dans la boue de l'autre couleur, l'indécise. Il ne se souvint pas, plus tard, de ce qu'il pensa ou imagina en cette minute, mais après quelque hésitation il avait placé à proximité de la tache rouge un peu de jaune safran, puis il s'éloignait du panneau, maintenant posé debout contre un mur, et, fermant à demi les yeux, regardait les deux couleurs côte à côte. Dieu sait pourquoi, lui revenait à l'esprit un champ qu'il avait vu trempé d'eau un soir, au soleil couchant, et qui l'avait troublé par les deux couleurs qui s'y heurtaient, dans les ombres. Et, en hésitant encore, il plaça auprès des deux qu'il avait déjà une troisième couleur, un bleu, peut-être à cause des pierres qu'il avait vues dans le ruisseau qui, au bas du champ, recueillait l'eau de ses flaques.

Trois taches maintenant, qui se touchent presque ! Et d'elles monte un rayon qui n'est pas le gris de la matière remuée en vain, mais pas non plus tout à fait le simple soleil qui ourlait le champ au premier jour.

Nous retrouvons l'alchimiste quelques semaines plus tard, explorant fiévreusement ces apports du contraste des couleurs aux irisations du fond gris, aux flaques du clair et du sombre. Sa conviction désormais, c'est qu'à des moments ce contraste s'enfièvre, s'intensifie, comme si pesait sur lui la force d'une lueur, peut-être d'un feu, qui chercherait par sa voie à pénétrer la matière. Et il en est venu à penser que ce n'est pas du mélange, tout matériel, des couleurs, mais de leur juxtaposition, qui les unit à plus haut niveau, que naîtra un jour, brusquement peut-être, la déchirure, l'éclair.

Et voici enfin, mais des années ont passé, qu'il a terminé sa tâche. Le rayon brille avec mystère, il brûle en paix dans le vaisseau de son grand œuvre, ce panneau de bois qu'il garde depuis longtemps dressé contre le mur devant lui. Et nous regardons par-dessus son épaule, avec sympathie. N'a-t-il vraiment fait qu'étudier des rapports de tons, de valeurs ? Il nous semble que nous avons sous nos yeux l'évocation assez libre d'un champ de maïs, ou de tournesol, avec un ruisseau au soleil couchant, ou bien c'est un marais, des touffes d'une fleur jaune y sont envahies d'une eau bleue. Venons-nous d'assister à un grand moment de l'histoire de l'esprit ? Celui où l'alchimiste de la couleur aurait inventé la peinture de paysage ?

Il a pris le tableau dans ses mains, il va le poser sur un petit tas de pierres, car nous sommes dehors, faut-il le dire, il y a longtemps maintenant qu'il travaille devant sa porte, près de ces pierres noircies comme par des sacrifices, et c'est là aussi que ce champ commence, qui se perd à son autre bout, en cette minute, dans les nuées pourpres du soir. Il pose le tableau, il prend recul, une fois de plus, mais satisfait maintenant, heureux. Puis il se retourne. Trois anges sont là, debout, qui le regardent en souriant. L'un a une robe rouge, un autre une robe bleu gris, le troisième est enveloppé d'un jaune safran on ne peut plus intense et mobile. « Qui êtes-vous ? », leur demande-t-il.

« Nous sommes la Terre », répondent-ils. « La Terre que tu crées. Nous venons nous asseoir auprès de toi sous la tonnelle. Offre-nous du pain et du vin. Nous avons à parler longtemps, mon ami, avant que la nuit ne tombe. »

## LA VIE ERRANTE

Il s'efforçait depuis quelques jours d'être heureux des nuages qu'il amoncelait sur sa toile au-dessus d'un chemin de pierres. Mais qu'est-ce que la beauté quand on sait que l'on va partir ? Demain le bateau va le conduire vers une autre île. Il ne reviendra plus dans celle-ci, il ne reverra plus ce chemin.

Il trembla d'angoisse, soudain, et laissa tomber son pinceau dont un peu de l'ocre sombre, presque du rouge, éclaboussa le bas de la toile. Ah ! quelle joie !

Chateaubriand au bord du Jourdain après le long voyage, que peut-il faire sinon emplir une fiole de l'eau du fleuve ? Il écrit sur une étiquette : eau du Jourdain.

Tache, épiphanie de ce qui n'a pas de forme, pas de sens, tu es le don imprévu que j'emporte jalousement, laissant inachevée la vaine peinture. Tu vas m'illuminer, tu me sauves.

N'es-tu pas de ce lieu et de cet instant un fragment réel, une parcelle de l'or, là où je ne prétendais qu'au reflet qui trahit, au souvenir qui déchire ? J'ai arraché un lambeau à la robe qui a échappé comme un rêve aux doigts crispés de l'enfance.

# TOUT UN MATIN
## DANS LA VILLE

Il a quitté son hôtel de fort bonne heure avec ce qui lui semblait un guide illustré de la ville. Il a traversé le fleuve par un pont qui fut bâti au siècle où celle-ci accéda à l'indépendance, à l'avenir, et à la beauté en architecture. Sur l'autre rive les monuments de cette splendeur, à la fois sévère sur les façades et tout en démesure, lui a-t-on dit, toute chimères et grands élans de couleur cachée de l'autre côté — le silencieux, le désert — des lourdes portes.

Et voici, entre deux de ces édifices, la rue qui mène par-derrière eux dans les lieux de vie ordinaire, jusqu'aux remparts. Ce doit être une suite de maisons un peu en désordre, beaucoup de temps s'étant écoulé depuis la première grande époque, d'où des décrépitudes, des abandons, mais des recommencements aussi, de nouveaux bâtiments en saillies à des carrefours, et même de nouveaux styles. Et c'est bien là ce qu'il voit, mais que de signes qu'il n'avait pas prévus ! Il imaginait des parois nues, de hautes fenêtres grillagées, et ce sont partout, au contraire, mais bien silencieuses, c'est vrai, de petites boutiques basses, obscures, de celles dont il faut s'approcher, pressant son front à la vitre, pour y distinguer la chose vendue, qui est une vague petite flamme dans cette eau d'un miroir qu'aucun soleil ne pénètre. Quant à la rue elle-même, elle est plus longue, beaucoup plus longue qu'il ne pensait, et des rues traversières la coupent à chaque instant, qui lui proposent d'autres quartiers vers lesquels il se dirige parfois, par brusque attrait pour une chapelle demi-cachée, ou un pan de soleil à l'autre bout d'un passage sombre, mais dont il revient assez vite, parce que ces nouvelles voies se sont divisées à leur tour, entre encore d'autres chapelles, d'autres hauts escaliers sous des colonnades, d'autres de ces demeures princières aux lourdes portes cloutées où furent frappés des coups si violents, quelquefois, des coups résonnant si longtemps par toute la profondeur des salles vides.

Oui, il revient sur ses pas, toujours, il revient vers la rue qu'il a voulu suivre, et il voit bien qu'il y réussit, il en est heureux, mais les espaces n'ont donc pas cessé de lui apparaître plus vastes qu'il ne savait, peut-être même, en vient-il à penser, se dilatent-ils, à mesure qu'il y avance, sous ce ciel du matin qui semble, lui, s'être immobilisé : fléau qui tient la balance égale entre deux masses d'azur. Tout se multiplie, tout s'étend, c'est au point qu'il en vient à apercevoir au loin, parmi les passants de la ville haute, qui tout de même a quelque chose de sombre, des êtres qui se colorent des teintes claires du souvenir. Cet homme, cette femme, par exemple. Lui qui s'approche souriant, la main tendue, mais, au dernier moment, où est-il ? Et elle une figure d'emblée si floue, bien qu'elle appelle et fasse des signes, robe toute phosphorescente sous le chapeau de clarté. Ils étaient là, ou presque. Bonjour, adieu, il faut s'éloigner dans cette rue qui s'élargit, s'étire, s'efface.

Restant bien étroite pourtant, avec maintenant, le long de sa pente soudain rapide, des librairies où le voyageur pénètre car il a vu qu'il n'y a là que des entassements d'éclats de pierres, souvent pulvérulentes, ou de restes de charpentes, déchiquetés et noircis, sauf que des bouts de chiffons y apparaissent aussi, dans le désordre, ou des feuilles où quelques mots sont lisibles, qui sait, entre les morsures bien proches qu'y a imprimées le feu d'autrefois. Remuer ces poutres, ces pierres. Dégager de leur profondeur cette petite montre-bracelet d'acier maintenant terni, qui a un ruban de soie noire et des aiguilles très fines : celle même que la mère de cet errant posait le soir sur la cheminée près de la pendule. Deux tic-tac qui se répondaient, se mêlaient, mais il eût fallu l'oreille de Dieu pour entendre de là où l'enfant dormait le son des deux le plus faible, et réfléchir à cet avoisinement dans la nuit.

Laissons ces souvenirs, avançons dans la profondeur de la boutique, où c'est la rue à nouveau, qui descend toujours ; et au bas maintenant, et proche, c'est la lumière du fleuve.

Je suis sur le quai bientôt, je heurte à la lumière de toutes parts, je vois s'étendre au loin le grand fleuve, qui n'est plus celui du petit matin mais une eau immense entre ces rives qui sont elles-mêmes très larges, telles des avenues aux innombrables voitures qui passent étincelantes bien que sans bruit. De l'autre côté du fleuve, et si loin sous le ciel d'un bleu léger, les monuments superbes — coupoles et flèches — de l'autre rive. Et devant moi ce pont aux proportions des quais et du fleuve, avec les mêmes voitures, les mêmes passants tout d'ombres légères, de couleurs brèves, mais non ils ne sont pas, le pont n'est pas, seule est, peut-être, l'eau qu'une poussée de toutes parts élargit encore. Je regarde le magnifique panorama de la ville qui semble illimitée, infinie. Je sais que mon hôtel, dont j'ai oublié le nom, et la rue, est quelque part là-bas, et qu'il me faut donc traverser le fleuve. Mais j'aperçois à l'horizon, sur ma droite, le petit pont du début de la matinée et je me dirige vers lui.

# LA NAÏDA

Admirable définition de la poésie dans *Bêtes, hommes et dieux*, le livre inépuisable d'Ossendowski. C'est aux premières pages, quand celui-ci a décidé de s'enfuir, seul à travers la Sibérie, le long du Ienisseï. Et il a peur, il s'attarde dans la montagne en vue encore de son passé qui s'achève, sous les étoiles déjà plus proches, — lorsque quelqu'un dont il ne sait rien apparaît soudain, sans bruit, au seuil de la cabane où il a refuge. Et cet inconnu lui propose de le guider pour un peu de temps dans l'immensité sous la neige.

Ils partent donc. « Cette nuit-là, nous la passâmes dans les bois, sous les larges branches étalées des sapins. C'était ma première nuit dans la forêt, à la belle étoile. Combien de nuits semblables étais-je destiné à passer ainsi pendant les dix-huit mois de ma vie errante ! […] Nous fîmes halte dans un ravin profond, bordé de gros arbres, où, ayant trouvé des sapins tombés, nous les coupâmes en bûches […] Ivan amena deux troncs d'arbres, les équarrit d'un côté avec sa hache, les posa l'un sur l'autre en joignant face à face les côtés équarris, puis enfonça aux extrémités un gros coin qui les sépara de neuf à dix centimètres. Nous plaçâmes alors des charbons ardents dans cette ouverture, et regardâmes le feu courir rapidement sur toute la longueur des côtés équarris mis face à face. »

« Maintenant il y aura du feu jusqu'à demain matin », me dit-il. Ce feu, c'est la *naïda* des voyageurs solitaires.

# STRABON LE GÉOGRAPHE

Il lit la description qu'a laissée, du monde qu'il a connu, Strabon, le géographe.

Le monde n'est qu'une grande étendue d'herbes, dit Strabon. Plaines après plaines, à l'infini. Quelques arbres, au loin. De l'eau sous les pas, peu profonde parmi les pierres.

Et quelquefois un feu, au ras de l'horizon. On verra d'abord sa fumée, dans le soleil qui décline. On arrivera à un campement. Des enfants jouent, silencieux. Des hommes et des femmes parlent de Catulle ou de Boèce, à voix basse. Une femme soudain se lève et, la tête penchée, pousse le rideau d'une tente.

# LE DIEU GLAUCUS

J'écris, mais une fois de plus fourche ma plume, et une fois de plus — que ne finirait-elle par dire si je ne la réprimais ? — commence la phrase : « Une voix pleine de larmes, errante par les rochers… »

J'écoute. Il semble que la voix crie que l'un des rochers, c'est le dieu Glaucus, que le temps, la mer, les orages ont défiguré tellement « que ce n'est plus un dieu désormais, rien qu'une bête sauvage ».

Je barre les quelques mots, je refuse. C'est une plage, cela, où de place en place de hautes roches lisses se dressent. Derrière ces masses noires d'autres encore. Et le sable entre elles comme une eau claire qui coule sans désormais aucun bruit à la surface du monde.

## QUE JE TE SACHE

— Je sais bien le nom que tu as, lui disait-elle.
— Mais non, je n'ai pas de nom.
— Je sais bien d'où tu viens, lui disait-elle.
— Mais non, où aurais-je été, je ne viens pas.

Et il ajoutait, là sur le seuil, appuyé aux pierres qu'avait chauffées le soleil, à contre-jour cependant, la tête et les épaules ourlées de l'ocre rouge du soir, qu'il n'avait pas de visage, pas d'yeux, pas de raison dans les mots, qu'il n'était pas.

Elle, pourtant, souriait, assurée mystérieusement, enveloppée pour l'éternité de la robe légère du bonheur, que faisait bouger un peu quelque chose comme une brise.

# L'HORLOGE

Du doigt il essayait de détacher du cadran les deux aiguilles, mais elles étaient rouillées, elles faisaient corps maintenant avec la plaque de tôle — ou plutôt, non, elles y avaient été peintes, sur une saillie légère qui en suggérait le relief : l'horloge n'était qu'une image, ce midi dix était l'intemporel de l'image, non le vestige d'une durée révolue.

Et d'ailleurs, alentour dans le jardin, les fruits mûrissaient bien hors du temps, le grillon avait bien lui aussi sa façon d'effacer toute idée, toute mémoire du temps de par son crissement qui pourtant s'arrêtait parfois, puis recommençait. Hésitations qui, aux premiers jours, suscitaient certes en nous de brusques sursauts d'espérance.

# SUGAR FOOT

J'étais depuis quelques heures dans la maison de mes amis, belle et heureuse maison dont un reflet riche d'un surcroît de bonté et de gravité, c'était la grande chienne fidèle qui était cependant un peu distraite, un peu affairée ce jour-là — sortant souvent, et revenant mais repartant vite — car elle venait de mettre bas une portée de petites vies qu'on voyait sauter gauchement sous la véranda, dans de la paille. Elle se nommait Sugarfoot.

Nous parlions, nous nous exclamions, nous allions par les chemins et les chambres. D'autres amis encore étaient arrivés, parfois de loin, de très loin.

Et tout d'un coup j'entendis en moi cette phrase : « Il y avait là une chienne qui se nommait Sugar-foot. » Aussitôt après quoi, tout fut autre que la minute d'avant. Non décoloré, mais plus transparent, jusqu'à en paraître irréel. Le début d'un récit se propageait en effet comme un feu dans l'épaisseur de l'instant qui n'était jusqu'alors que naïvement vécu ; et du soleil et des ombres, et des visages, des voix ne restait plus qu'une cendre, celle même du souvenir.

J'eus peur, de ce pouvoir que j'avais.

Mais, regardant autour de moi, écoutant, n'entendant pas : « Ah ! me dis-je, ce n'est pas moi seul qui suis coupable ! Nous sommes tous complices de ce mensonge, l'oubli. Nous rions, nous parlons, c'est nager côte à côte dans l'eau qui nous dissipe, qui fait que c'est le récit futur qui a raison contre nous, étant nous-mêmes déjà, et l'étant plus et peut-être mieux que nous ne le sommes. Il faut cesser d'avancer ainsi, les yeux fermés. »

Et je m'imaginais, criant — mais certes, les mains vides, je n'en fis rien : « Arrêtons-nous ! Figeons nos gestes pour un instant ! Repartons d'une autre façon de ce carrefour ! Car elle se nomme Sugarfoot. Comprenez-vous ? Comprenez-vous bien qu'elle se nomme Sugarfoot ?

À jamais la seule à se nommer ici, aujourd'hui, Sugarfoot. »

## IMPRESSIONS,
## SOLEIL COUCHANT

Le peintre qu'on nomme l'orage a bien travaillé, ce soir,
Des figures de grande beauté sont assemblées
Sous un porche à gauche du ciel, là où se perdent
Ces marches phosphorescentes dans la mer.
Et il y a de l'agitation dans cette foule,
C'est comme si un dieu avait paru,
Visage d'or parmi nombre d'autres sombres.

Mais ces cris de surprise, presque ces chants,
Ces musiques de fifres et ces rires
Ne nous viennent pas de ces êtres mais de leur forme.
Les bras qui s'ouvrent se rompent, se multiplient,
Les gestes se dilatent, se diluent,
Sans cesse la couleur devient autre couleur
Et autre chose que la couleur, ainsi des îles,
Des bribes de grandes orgues dans la nuée.
Si c'est là la résurrection des morts, celle-ci ressemble
À la crête des vagues à l'instant où elles se brisent,
Et maintenant le ciel est presque vide,

Rien qu'une masse rouge qui se déplace
Vers un drap d'oiseaux noirs, au nord, piaillant, la nuit.

Ici ou là
Une flaque encore, trouée
Par un brandon de la beauté en cendres.

# DE GRANDS BLOCS ROUGES

Il se demandait comment il pourrait dire ces grands blocs rouges, cette eau grise, argentée, qui glissait entre eux en silence, ce lichen sombre à diverses hauteurs du chaos des pierres. Il se demandait quels mots pourraient entrer comme son regard le faisait en cet instant même dans les anfractuosités du roc, ou prendre part à l'emmêlement des buissons sous les branches basses, devant ce bord de falaise qui dévalait sous ses pas parmi encore des ronces et des affleurements de safre taché de rouille. Pourquoi n'y a-t-il pas un vocable pour désigner par rien que quelques syllabes ces feuilles mortes et ces poussières qui tournent dans un remous de la brise ? Un autre pour dénommer à lui seul de façon spécifique autant que précise l'instant où un moucheron se détache de la masse de tous les autres, au-dessus des prunes pourries dans l'herbe, puis y revient, boucle vécue sans conscience, signe privé de sens autant que fait privé d'être, mais un absolu tout de même, à lui seul aussi vaste que tout l'abîme du ciel ? Et ces nuages, dans leur position de juste à présent, couleurs et formes ? Et ces coulées de sable dans l'herbe auprès du ruisseau ? Et ce petit mouvement de la tête brusque du merle qui s'est posé sans raison, qui va s'envoler sans raison ? Comment se fait-il qu'auprès de si peu des aspects du monde le langage ait consenti à venir, non pour peiner à la connaissance mais pour trouver repos dans l'évidence rêveuse, posant sa tête aux yeux clos contre l'épaule des choses ? Quelle perte, nommer ! Quel leurre, parler ! Et quelle tâche lui est laissée, à lui qui s'interroge ainsi devant la terre qu'il aime et qu'il voudrait dire, quelle tâche sans fin pour simplement ne faire qu'un avec elle ! Quelle tâche que l'on conçoit dès l'enfance, et que l'on vit de rêver possible, et que l'on meurt de ne pouvoir accomplir !

Il s'éloigna, il contourna un grand rocher rouge qui se dressait comme seul sur une flaque de sable, il fit quelques pas de l'autre côté du rocher sur un sol maintenant égal, et presque nu, au bord duquel venait battre une eau un peu clapotante, en profondeur presque bleue — et il comprit, tout d'un coup, qu'il avait mal posé le problème de la parole et de l'être. Pour porter l'une à la puissance de l'autre, ce n'était pas le tressaillement de la tête brusque du merle qu'il lui fallait fixer par un mot nouveau, en effet, ni la rumeur du feuillage des chênes proches, ni les veines du safre quand celui-ci affleure en des points sous la ronce et les feuilles sèches : car ces foyers successifs de son attention, ce n'étaient que des représentations sans substance, que les mots dont il disposait avaient détachées d'un fond qui n'a de réalité qu'indifférenciée, de visibilité qu'immergée ou presque dans de grands courants d'invisible. Bien mieux vaudrait-il qu'il disposât de mots qui par leur façon de nommer effaceraient le plus grand nombre possible de ces différences pour rien dont en somme il alourdissait son regard. De mots qui commenceraient ainsi dans la rencontre du monde ce qu'accomplit le pinceau du peintre de paysage quand il prend dans un seul trait pourpre non seulement tous les coquelicots d'une prairie mais bien d'autres plantes encore et même tout un méandre du chemin qui s'y est frayé son passage.

Il rêve maintenant d'un mot qui dirait à la fois, qui dirait indistinctement, le moucheron et la feuille tourbillonnante, et aussi l'eau de la source et le mouvement de la tête d'un petit merle qui vient de se poser près de lui sur une branche. D'un autre mot qui cette fois désignerait le lichen quand il pousse à mi-hauteur là-bas entre base et sommet du monde, et les jeux de l'écume sur la vague qui a gonflé et déjà retombe, et toutes les étoiles des nuits d'été : oui, tout cela, ainsi réduit à la seule idée que l'on pressent bien, n'est-ce pas, sous ces plis et replis de l'évidence. Mots qui, dissipant la différence illusoire comme fait la couleur du peintre, et permettant ces accords qui dans son tableau deviennent lumière, simplifieraient, rapprocheraient, intensifieraient, nous offrant à nouveau ce qu'avaient bu nos lèvres d'enfant : ce sein qu'est ce qui est, en deçà du temps, de l'espace, dès que la main avide l'a dégagé de l'écharpe de nos lourds mots d'à présent.

Il rêve ainsi, s'éloignant toujours. Et plus tard encore, si on sait où le rejoindre, il nous dira — souriant, mais les yeux fixés sur le sol, où quelques pierres brillent de leurs petites mousses qui s'empourprent quand la nuit tombe — que, puisque les mots ont ainsi à faire le travail que savent mener à bien les couleurs dans la peinture de paysage, il n'est que logique qu'ils se découvrent, tout compte fait, aussi peu nombreux que celles-ci : vingt ou trente, disons, ou même trois seulement, fondamentaux, de la fusion desquels, dûment proportionnée en des moments d'expérience qu'on nommerait des poèmes, naîtraient, comme le vert émeraude monte d'un bleu et d'un certain jaune, ces catégories de la perception, ces aspects du monde sensible qu'il nous faut bien décider sans doute, étant nés là où nous sommes, pour y vivre le temps qu'il faut, pour y mourir.

Trois mots, trois mots seulement pour dire ce qui est, quel repos, quel sommeil heureux contre ce grand corps respirant que nous ont laissé entrevoir les plus sérieux, les plus secrets de nos peintres, prêtres de l'Isis éternelle ! Là où l'on avait redouté, dans un moment de vertige, la multiplication à l'infini des vocables, juste maintenant ces trois anges debout sur notre seuil, certes mieux visibles le soir quand leurs ailes multicolores peuvent se détacher sur les premières étoiles. — Les trois vertus théologales, dans cette religion d'Occident qui sait si peu des pierres, des mousses qui brillent sur les pierres, la nuit : elles ne furent peut-être, à l'origine, que la transposition du désir que l'on a toujours eu de ces trois mots simples, et le pressentiment du mode d'être également simple qui serait notre bien, notre bonheur, dès que la langue vraie serait découverte, ou réapprise. Dès que nous pourrions ne quitter jamais que de trois pas, entre les roches rouges, dans l'herbe mêlée de sable, l'intimité du silence.

# PAYSAGE AVEC LA FUITE
## EN ÉGYPTE

J'étais dans un taxi qui me conduisait à Logan Airport. C'était l'aube, nous roulions dans les faubourgs de Boston encore à peu près déserts. Tout de même, à un coin de rue, il y eut, pour un instant, une jeune femme avec un enfant dans les bras, et près d'elle un homme âgé, voûté, qui s'effacèrent de la chaussée pour laisser passer la voiture. Ils semblaient las. Leur costume avait quelque chose d'indéfinissablement étranger à ce pays, à ce monde peut-être. Je me retournai, je vis alors que les rejoignait au milieu du chemin un âne sur le dos duquel était attaché le paquet de leurs quelques biens, sous une sorte de cape rouge.

Les faubourgs encore, les usines, les murs de briques des vieilles maisons aux vitres noires. Grande est la tentation de ne pas aller plus avant, de quitter la voiture, de marcher au hasard par ces rues jusqu'à la place où il y aurait un obélisque, et à l'horizon ces sortes de pyramides, et ici même, arrivants silencieux, cet homme et cette femme, coiffés maintenant de vastes chapeaux de paille. Le Nil coule paisiblement, irrésistiblement, derrière ces portiques au-dessus desquels le ciel est bleu parce que le temps a cessé d'être.

Il y a dix jours à New York, les peintures de De Kooning, fermant toutes les issues, mettant fin au monde. J'ai fait un rêve, cette nuit qui vient de finir. Quelque part, est-ce à Phénix, où va mon avion — mais je le quitterai à Chicago —, je fais une lecture publique. Et voici que soudain dans mon propre livre je lis un mot dont le sens m'est inconnu, puis des phrases que je sais bien que je n'ai jamais écrites, et qui d'ailleurs n'offrent pas de sens. Après quoi c'est le livre lui-même qui n'est plus devant moi, et tout se brouille.

Hier soir *The Changing Rains* étaient d'une beauté absolue. Petit film documentaire, pourtant, sans prétention, à propos d'un groupe d'aborigènes enclavés dans l'Inde du Sud. Mais la profondeur de la grande plaine, avec des plans infinis de bosquets voilés de brume, et ces enfants et ces jeunes gens qui dansent en se tenant par l'épaule, presque immobiles, les yeux perdus. L'espace qui bouge sous la pluie, qui bouge aussi dans les salles filmées, à cause de la caméra maladroite, comme si on regardait le monde par les yeux de la déesse de bois doré qu'on portait tout à l'heure en procession sous les arbres.

À Chicago c'est midi, beaucoup de brouillard, une camionnette rouge entre les avions au sol, seule tache de couleur dans tout ce gris. Je pense que je vais voir à Cedar Rapids les *Noces de Bacchus et Ariane*, le si beau tableau de Poussin, mais les vents vont bientôt dérouter le vol, nous atterrissons à Quad Cities Airport, un terrain qui dessert je ne saurai jamais quelles villes car vite il faut que je prenne un autocar qui va vers Des Moines, mais en passant, me dit-on, par cette ville de l'Iowa où l'on m'attend.

Il fait nuit. Il y a longtemps maintenant que l'autocar roule, dans cette plaine que ne balisent que quelques feux outre ceux, rares eux-mêmes, des voitures de l'autoroute. Et j'apprends qu'on ne va pas passer par cette ville, décidément, je suis le seul voyageur qui s'y intéresse, mais on me laissera dans un restaurant aux abords, le plus près possible. Quelques miles encore. Je sens que je vais oublier *The Changing Rains*, il ne m'en restera que cette lumière bosselée d'eau qui couvre de toutes parts les vitres de l'autocar où toute lampe est éteinte. Une autre voiture roule parfois tout un temps à notre hauteur, puis elle nous dépasse, ou est dépassée. Devant moi l'essuie-glace balaie sans hâte l'avant du ciel, où il y a une lueur rouge comme si c'était l'Inde là-bas, ou nulle part en Égypte.

## TOUT L'OR DU MONDE

Du rêve où il a été l'alchimiste de la couleur il s'éveille, l'or va donc manquer à jamais dans le vaisseau, à preuve ce jour si faible et gris sur les vitres. C'est à peine si remuent dans leur eau les branches et les feuilles du vert, du rouge, du bleu : ces ombres de la couleur plus intense qu'il avait pressentie, qu'il avait même cru entrevoir. Que tout est donc serré, ici, et respire mal, que de sable noir dans la poignée de limon que le dieu aveugle a pétrie ! Il n'y a que ces cris d'enfants à leur jeu, là-bas, pour attester que de l'or brille parfois dans le sable.

De l'or — un côté du monde par où on entrerait dans la mort, s'il le fallait, comme parmi de hauts buissons lumineux puis des arbres aux branches basses, chargées de fruits. Toucher aux fruits, en prendre dans des corbeilles, avancer dans l'odeur de l'herbe et des fleurs, pique-niquer plus avant encore à des échancrures de sable clair, goûter ainsi le bonheur d'une de ces journées qui ne s'achèvent tard dans la nuit d'été que par le brusque sommeil, la tête au creux du bras replié : oui, cet or existe bien, dans la profondeur du miroir, puisqu'on en voit des paillettes glisser des doigts desserrés de l'enfant qui dort et a des mots indistincts de ce côté-ci de son rêve.

# LES RAISINS DE ZEUXIS

# LES RAISINS DE ZEUXIS

Un sac de toile mouillée dans le caniveau, c'est le tableau de Zeuxis, les raisins, que les oiseaux furieux ont tellement désiré, ont si violemment percé de leurs becs rapaces, que les grappes ont disparu, puis la couleur, puis toute trace d'image en cette heure du crépuscule du monde où ils l'ont traîné sur les dalles.

## LES CHIENS

Un pays de montagnes qui sont des chiens, de vallées qui sont des abois, de pierres dressées dans l'aboi comme des chiens tendus au bout de leur chaîne.

Et dans les bonds, les halètements, la fureur, voici la porte, qui est ouverte, et la grande salle. Le feu est clair, la table mise, le vin brille dans les carafes.

## LE HAUT DU MONDE

Le poids du ciel sur la vitre se faisait intolérable, on entendait, disait-on, craquer l'apparence. Quelqu'un criait qu'à... on avait vu « de l'inconnu » en sortir, et c'étaient des hommes et des femmes parfaitement beaux et nus, cependant que le haut du monde, d'un bleu de plus en plus noir, basculait et tombait comme une pierre.

# LA NUIT

La nuit, c'est-à-dire du vert, des bleus et ce peu de rouge très sombre qui mord de ses grumeaux le bas de la page. J'écris en hâte le mot flaque, le mot étoile. J'écris naissance. J'écris bergers et rois mages. J'écris que je brise une ampoule et que c'est le noir.

## LA TÂCHE D'INEXISTER

On me parlait d'une civilisation dotée de tous les moyens du marbrier, du fondeur, et qui était l'héritière d'un art classique aimant placer des éphèbes nus, des Korés, aux carrefours de ses villes ou dans la pénombre des temples. Mais cette nouvelle époque ne voulait plus de statues. Elle n'avait que des socles vides où parfois on faisait un feu que courbait le vent de la mer. Les philosophes disaient que c'est là, ces emplacements déserts, les seules œuvres qui vaillent : assumant, parmi les foules naïves, la tâche d'inexister.

## L'AVEUGLE

Il regardait fixement dans la direction du soleil qui se couchait parmi des nuages rouges. Mais comment avions-nous pu lui parler puisqu'il n'était que cette grande statue, de marbre couleur de miel, que quelques-uns d'entre nous portaient, avec de plus en plus de fatigue, sur les épaules ? Puisque son geste extatique, vers le soleil, bougeait avec celles-ci, plongeant et se redressant comme la proue d'une barque ? Puisque son expression de chanteur aveugle s'effaçait déjà sur la pierre comme là-bas le feu des nuages rouges ?

# L'ENTAILLE

C'est simple, on trempe un doigt dans la gouache bleue, on le fait glisser sur les mots à peine tracés dans l'encre noire, et du mélange de l'encre et de la couleur monte, marée, algues qui remuent dans l'eau trouble, ce qui n'est plus le signe, n'est plus l'image — nos deux passions, nos deux leurres. On a ouvert les yeux, on avance, dans la lumière de l'aube.

Mais je m'éveille. Devant moi sur le mur aux couleurs superposées qui s'écaillent, il y a cette forme qui fut gravée dans leur profondeur, avec un clou, jusqu'au plâtre. Est-ce l'évocation d'un agneau qu'un dieu porte sur ses épaules ? Est-ce une figure obscène ? En fait l'entaille va si avant dans la nuit du plâtre que c'est son rebord désert qui compte seul, déchirure qu'il est de toute quête d'image, dissipation de tout signe.

# LE LIVRE

De la lumière bouge dans le sous-sol, il y a là des enfants, on me dit qu'ils ont trouvé, et cherchent maintenant à nous rapporter par l'échelle étroite et la trappe, quoi ? on ne sait trop encore, quelque chose comme « un livre », un livre « sans fin », « le livre ». Et je me penche sur les plus hauts barreaux encore peu éclairés, j'aperçois ces visages qui se renversent pour mieux me voir — riant, chantant, on dirait les anges —, j'étends les bras, je reçois, et bientôt à pleines mains, les masses de feuillets gris, cousus par un gros fil rouge, et le sable, qui me glisse d'entre les doigts, et les morceaux de bois, certains pourris, et les pierres.

## ON ME PARLAIT

On me disait, non, ne prends pas, non, ne touche pas, cela brûle. Non, n'essaie pas de toucher, de retenir, cela pèse trop, cela blesse.

On me disait : lis, écris. Et j'essayais, je prenais un mot, mais il se débattait, il gloussait comme une poule effrayée, blessée, dans une cage de paille noire tachée de vieilles traces de sang.

ENCORE LES RAISINS
DE ZEUXIS

# L'INACHEVABLE

Quand il eut vingt ans il leva les yeux, regarda le ciel, regarda la terre à nouveau, — avec attention. C'était donc vrai ! Dieu n'avait fait qu'ébaucher le monde. Il n'y avait laissé que des ruines.

Ruines ce chêne, si beau pourtant. Ruines cette eau, qui vient se briser si doucement sur la rive. Ruines le soleil même. Ruines tous ces signes de la beauté comme le prouvent bien les nuages, plus beaux encore.

Seule la lumière a eu vie pleine peut-être, se dit-il. Et c'est pour cela qu'elle semble simple, et incréée. — Depuis, il n'aime plus, dans l'œuvre des peintres, que les ébauches. Le trait qui se ferme sur soi lui semble trahir la cause de ce dieu qui a préféré l'angoisse de la recherche à la joie de l'œuvre accomplie.

# LE DÉSESPOIR DU PEINTRE

Il peignait, la pente d'une montagne, pierres ocres serrées, mais cette étoffe de bure se divisait pour un sein, un enfant y pressait ses lèvres, et on descendait, de là-haut, de presque le ciel, dans la nuit (car il faisait nuit), c'étaient des porteurs de coffres desquels filtraient des lumières.

Que de tableaux laissa-t-il ainsi, inachevés, envahis ! Les années passèrent, sa main trembla, l'œuvre du peintre de paysage ne fut plus que ce tas de blocs de houille luisante, là-bas, sur quoi erraient les enfants du ciel et de la terre.

# LE MUSÉE

Clameurs, au loin. Une foule qui court sous la pluie battante, entre des toiles que fait claquer le vent de la mer.

Un homme passe en criant. Que dit-il ? Qu'il sait, lui ! Qu'il a vu ! Je distingue ses mots. Ah, je comprends presque !

J'ai trouvé refuge dans un musée. Dehors le grand vent mêlé d'eau règne seul désormais, secouant les vitres.

Dans chaque peinture, me semble-t-il, c'est comme si Dieu renonçait à finir le monde.

## LA JUSTICE NOCTURNE

Je rêve que je n'ai retenu de la peinture du monde que la *Dérision de Cérès*, d'Adam Elsheimer, et la *Diane et ses filles*, de Vermeer.

C'est la « justice nocturne ». Je suis maintenant tout près d'elle. Elle a tourné vers moi son petit visage enfantin, elle rit sous ses cheveux en désordre.

# L'HOMMAGE

J'avais à rendre hommage. J'avais, dans la seconde, à décider de qui, parmi nous, avait pratiqué à la fois la suprême rigueur et la suprême imprudence.

Et je criai dans la nuit le nom « Nicolas Poussin ». J'avançai dans le couloir, où il y avait de la fumée et presque des flammes, jusqu'à ce seuil d'où filtrait une lumière.

J'entrai, il gisait dans des flaques de boue, des gravats, je criai encore « Non, ne meurs pas ! » Et je pris sa main dans le gouffre du temps passé, des croyances vaines, des images incompréhensibles, du dieu mort, pour la guider vers le pinceau qui avait roulé à terre, près de la toile dont toute la moitié gauche est blanche, dans l'absolu.

# LA GRANDE IMAGE

C'était le temple. La porte était basse, étroite, les murs du couloir étaient gris, humides, l'ascenseur, caché vers le fond par l'escalier de la cave, avait une grille trop lourde qui se rabattait avec bruit, et tout semblait vide dans les étages et même clos et muré, sauf cette porte au troisième.

L'autel est là, dans la petite salle à manger, c'est un robinet dont l'eau coule.

Et l'image est là sur l'autel, la grande image divine, on peut la toucher, la prendre dans ses mains, la pétrir sous l'eau dans l'évier, c'est une motte de terre molle qui se laisse sans fin donner des formes faciles, bien que parfois quelques morceaux s'en détachent. On les rassemble alors, on les serre contre la masse infiniment grise et triste, on en refait une boule.

## LE CRUCIFIX

On lui explique que ce grand crucifix de la chapelle de gauche a été apporté un soir par un homme âgé, pliant sous le poids.

Il a dit qu'il le reprendrait le lendemain, mais il n'est jamais revenu. Et désormais tout ce qui est là dehors, cette rue, ces passants parfois, il fait nuit maintenant, Florence, c'est là d'où Dieu est venu, c'est l'autre monde.

La tête est penchée sur l'épaule. Le sang de la couronne d'épines fait tache rouge sur le bois gris. Une fente part de l'épaule, cherche le cœur, sépare et semble effacer les signes de la souffrance.

# ENCORE LES RAISINS
## DE ZEUXIS

Zeuxis peignait en se protégeant du bras gauche contre les oiseaux affamés. Mais ils venaient jusque sous son pinceau bousculé arracher des lambeaux de toile.

Il inventa de tenir, dans sa main gauche toujours, une torche qui crachait une fumée noire, des plus épaisses. Et ses yeux se brouillaient, il ne voyait plus, il aurait dû peindre mal, ses raisins auraient dû ne plus évoquer quoi que ce soit de terrestre, — pourquoi donc les oiseaux se pressaient-ils plus voraces que jamais, plus furieux, contre ses mains, sur l'image, allant jusqu'à lui mordre les doigts, qui saignaient sur le bleu, le vert ambré, l'ocre rouge ?

Il inventa de peindre dans le noir. Il se demandait à quoi pouvaient bien ressembler ces formes qu'il laissait se heurter, se mêler, se perdre, dans le cercle mal refermé de la corbeille. Mais les oiseaux le savaient, qui se perchaient sur ses doigts, qui faisaient de leur bec dans le tableau inconnu le trou qu'allait rencontrer son pinceau en son avancée moins rapide.

Il inventa de ne plus peindre, de simplement regarder, à deux pas devant lui, l'absence des quelques fruits qu'il avait voulu ajouter au monde. Des oiseaux tournaient à distance, d'autres s'étaient posés sur des branches, à sa fenêtre, d'autres sur ses pots de couleur.

## CELLE QUI INVENTA
## LA PEINTURE

Quant à la fille du potier de Corinthe, elle a depuis longtemps abandonné le projet d'achever de tracer du doigt sur le mur le contour de l'ombre de son amant. Retombée sur sa couche, dont la bougie projette sur le plâtre la crête fantastique des plis des draps, elle se retourne, les yeux comblés, vers la forme qu'elle a brisée de son étreinte. « Non, je ne te préférerai pas l'image, dit-elle. Je ne te livrerai pas en image aux remous de fumée qui s'accumulent autour de nous. Tu ne seras pas la grappe de fruits que vainement se disputent les oiseaux qu'on nomme l'oubli. »

DERNIERS RAISINS DE ZEUXIS

# I

Zeuxis, malgré les oiseaux, ne parvenait pas à se déprendre de son désir, certainement légitime : peindre, en paix, quelques grappes de raisin bleu dans une corbeille.

Ensanglanté par les becs éternellement voraces, ses toiles déchiquetées par leur terrible impatience, ses yeux brûlés par les fumées qu'il leur opposait en vain, il n'en continuait pas moins son travail, c'était à croire qu'il percevait dans les vapeurs toujours plus épaisses, où s'effaçait la couleur, où se disloquait la forme, quelque chose de plus que la couleur ou la forme.

# II


Il reprenait souffle, parfois. Assis à quelques pas de son chevalet parmi les grives et les aigles et tous ces autres rapaces qui s'apaisaient aussitôt qu'il cessait de peindre et semblaient même presque dormir, appesantis dans leurs plumes, pépiant parfois vaguement dans l'odeur de fiente.

Réfléchissant : comment se lever en silence et approcher de la toile sans que l'espace à nouveau bascule, d'un coup, dans les battements d'ailes et les innombrables cris rauques ?

# III

Et quelle surprise aussi bien cette fin d'après-midi où, s'étant mis debout d'un bond, ayant saisi un pinceau, l'ayant trempé dans du rouge — déjà quelles bousculades, d'ordinaire, quels cris de rage ! —, il dut constater, sa main en tremblait, que les oiseaux ne lui prêtaient aucune attention, cette fois.

C'était bien des raisins pourtant, ce qu'il commençait à peindre. Deux grappes, presque deux pleines grappes là où hier encore les becs infaillibles eussent déjà arraché jusqu'à la dernière des fibres où se fût pris un peu de couleur.

# IV

Et pas même, pourtant, ces grappes lourdes, un de ces déguisements par lesquels il avait essayé, parfois, de donner le change à la faim du monde. Ainsi avait-il ébauché, ah certes naïvement ! des raisins rayés de bleu et de rose, d'autres cubiques, d'autres en forme de dieu terme noyé dans sa grande barbe. En vain, en vain ! Son projet n'avait pas même le temps de prendre forme. On dévorait l'idée à même l'esprit, on l'arrachait à sa main tentant d'aller à la toile. Comme s'il y avait dans l'inépuisable nature des raisins striés, des grains durs à six faces qu'on jetterait sur la table, pour un défi au hasard, des grappes comme des statues de marbre pour la délectation des oiseaux.

V

Il peint en paix, maintenant. Il peut faire ses grappes de plus en plus ressemblantes, appétissantes, il peut les couvrir de cette tendre buée qui fait si agréablement valoir contre la paille de la corbeille leur or irisé de gris et de bleu.

Il en vient même, enhardi, à poser à nouveau de vrais raisins près de lui, comme autrefois. Et un moineau, une grive — est-ce donc cela, une grive ? — viennent bien, à des moments, se percher au rebord de la corbeille réelle, mais il les chasse d'un geste, et ceux-là ne reviennent plus.

# VI

Longues, longues heures sans rien que le travail en silence. Les oiseaux ont repris devant la maison leurs grands tournoiements du haut du ciel, et quand ils passent près de Zeuxis, qui vient peindre sur la terrasse, c'est avec la même indifférence que s'ils frôlaient un buisson de thym, une pierre.

Il y eut bien, une fois, cette troupe étincelante de perroquets et de huppes qui s'assembla sur les terrasses proches, et cria haut et fort ce qu'il crut être de la colère, mais l'heure d'après, sur quelque décision, perroquets et huppes et grives étaient partis.

# VII

. Ah, que s'est-il passé ? se demande-t-il. A-t-il perdu le sens de ce que c'est que l'aspect d'un fruit, ou ne sait-il plus désirer, ou vivre ? C'est peu probable. Des visiteurs viennent, regardent. « Quels beaux raisins ! », disent-ils. Et même : « Vous n'en avez jamais peint d'aussi beaux, d'aussi ressemblants. »

Ou bien, se dit-il encore, a-t-il dormi ? Et rêvé ? Au moment même où les oiseaux déchiraient ses doigts, mangeaient sa couleur, il aurait été assis, dodelinant du chef, dans un coin de l'atelier sombre.

Mais pourquoi maintenant ne dort-il plus ? En quel monde se serait-il réveillé ? Pourquoi regretterait-il, comme il sent bien qu'il le fait, ses jours de lutte et d'angoisse ? Pourquoi en vient-il à désirer de cesser de peindre ? Et même, qu'il n'y ait plus de peinture ?

## VIII

Zeuxis erre par les champs, il ramasse des pierres, les rejette, il revient à son atelier, prend ses pinceaux, il tremble de tout son corps quand un oiseau, rapide comme une flèche, vient prendre un des grains dans la corbeille. Il attend alors, va à la fenêtre, il regarde les grands vols migrateurs élire un toit, loin là-bas dans la lumière du soir, réduisant à poussière bleue la grappe du soleil qui décline.

Étrange, cet oiseau qui était venu se poser hier, au rebord de cette même fenêtre. Il était multicolore, il était gris. Il avait ces yeux de rapace, mais pour tête une eau calme où se reflétaient les nuées. Apportait-il un message ? Ou le rien du monde n'est-il que cette boule de plumes qui se hérissent, quand le bec y cherche une puce ?

# IX

C'est quelque chose comme une flaque, le dernier tableau que Zeuxis peignit, après longue réflexion, quand déjà il inclinait vers la mort. Une flaque, une brève pensée d'eau brillante, calme, et si l'on s'y penchait on apercevait des ombres de grains, avec à leur bord vaguement doré la fantastique découpe qui ourle aux yeux des enfants la grappe parmi les pampres, sur le ciel lumineux encore du crépuscule.

Devant ces ombres claires d'autres ombres, celles-ci noires. Mais que l'on plonge la main dans le miroir, que l'on remue cette eau, et l'ombre des oiseaux et celle des fruits se mêlent.

DE VENT ET DE FUMÉE

I

L'Idée, a-t-on pensé, est la mesure de tout,
D'où suit que « la sua bella Elena rapita », dit Bellori
D'une célèbre peinture de Guido Reni,
Peut être comparée à l'autre Hélène,
Celle qu'imagina, aima peut-être, Zeuxis.
Mais que sont des images auprès de la jeune femme
Que Pâris a tant désirée ? La seule vigne,
N'est-ce pas le frémissement des mains réelles
Sous la fièvre des lèvres ? Et que l'enfant
Demande avidement à la grappe, et boive
À même la lumière, en hâte, avant
Que le temps ne déferle sur ce qui est ?

Mais non,
A pensé un commentateur de l'Iliade, anxieux
D'expliquer, d'excuser dix ans de guerre,
Et le vrai, c'est qu'Hélène ne fut pas
Assaillie, ne fut pas transportée de barque en vaisseau,
Ne fut pas retenue, criante, enchaînée

Sur des lits en désordre. Le ravisseur
N'emportait qu'une image : une statue
Que l'art d'un magicien avait faite des brises
Des soirées de l'été quand tout est calme,
Pour qu'elle eût la tiédeur du corps en vie
Et même sa respiration, et le regard
Qui se prête au désir. La feinte Hélène
Erre rêveusement sous les voûtes basses
Du navire qui fuit, il semble qu'elle écoute
Le bruit de l'autre mer dans ses veines bleues
Et qu'elle soit heureuse. D'autres scoliastes
Ont même cru à une œuvre de pierre.
Dans la cabine
Jour après jour secouée par le gros temps
Hélène est figurée, à demi levée
De ses draps, de ses rêves,
Elle sourit, ou presque. Son bras est reployé
Avec beaucoup de grâce sur son sein,
Les rayons du soleil, levant, couchant,
S'attardent puis s'effacent sur son flanc nu.
Et plus tard, sur la terrasse de Troie,
Elle a toujours ce sourire.
Qui pourtant, sauf Pâris peut-être, l'a jamais vue ?
Les porteurs n'auront su que la grande pierre rougeâtre,
Rugueuse, fissurée
Qu'il leur fallut monter, suant, jurant,
Jusque sur les remparts, devant la nuit.

Cette roche,
Ce sable de l'origine, qui se délite,

Est-ce Hélène ? Ces nuages, ces lueurs rouges
On ne sait si dans l'âme ou dans le ciel ?

La vérité peut-être, mais gardée tue,
Même Stésichorus ne l'avoue pas,
Voici : la semblance d'Hélène ne fut qu'un feu
Bâti contre le vent sur une plage.
C'est une masse de branches grises, de fumées
(Car le feu prenait mal) que Pâris a chargée
Au petit jour humide sur la barque.
C'est ce brasier, ravagé par les vagues,
Cerné par la clameur des oiseaux de mer,
Qu'il restitua au monde, sur les brisants
Du rivage natal, que ravagent et trouent
D'autres vagues encore. Le lit de pierre
Avait été dressé là-haut, de par le ciel,
Et quand Troie tomberait resterait le feu
Pour crier la beauté, la protestation de l'esprit
Contre la mort.

Nuées,
L'une qui prend à l'autre, qui défend
Mal, qui répand
Entre ces corps épris
La coupe étincelante de la foudre.

Et le ciel
S'est attardé, un peu,
Sur la couche terrestre. On dirait, apaisés,
L'homme, la femme : une montagne, une eau.
Entre eux
La coupe déjà vide, encore pleine.

## II

Mais qui a dit
Que celle que Pâris a étreinte, le feu,
Les branches rouges dans le feu, l'âcre fumée
Dans les orbites vides, ne fut pas même
Ce rêve, qui se fait œuvre pour calmer
Le désir de l'artiste, mais simplement
Un rêve de ce rêve ? Le sourire d'Hélène :
Rien que ce glissement du drap de la nuit, qui montre,
Mais pour rien qu'un éclair,
La lumière endormie en bas du ciel.

Chaque fois qu'un poème,
Une statue, même une image peinte,
Se préfèrent figure, se dégagent
Des à-coups d'étincellement de la nuée,
Hélène se dissipe, qui ne fut
Que l'intuition qui fit se pencher Homère
Sur des sons de plus bas que ses cordes dans
La maladroite lyre des mots terrestres.

Mais à l'aube du sens
Quand la pierre est encore obscure, la couleur
Boue, dans l'impatience du pinceau,
Pâris emporte Hélène,
Elle se débat, elle crie,
Elle accepte ; et les vagues sont calmes, contre l'étrave,
Et l'aube est rayonnante sur la mer.

Bois, dit Pâris
Qui s'éveille, et étend le bras dans l'ombre étroite
De la chambre remuée par le peu de houle,
Bois,
Puis approche la coupe de mes lèvres
Pour que je puisse boire.

Je me penche, répond
Celle qui est, peut-être, ou dont il rêve.
Je me penche, je bois,
Je n'ai pas plus de nom que la nuée,
Je me déchire comme elle, lumière pure.

Et t'ayant donné joie je n'ai plus de soif,
Lumière bue.

C'est un enfant
Nu sur la grande plage quand Troie brûlait
Qui le dernier vit Hélène
Dans les buissons de flammes du haut des murs.
Il errait, il chantait,
Il avait pris dans ses mains un peu d'eau,
Le feu venait y boire, mais l'eau s'échappe
De la coupe imparfaite, ainsi le temps
Ruine le rêve et pourtant le rédime.

# III

Ces pages sont traduites. D'une langue
Qui hante la mémoire que je suis.
Les phrases de cette langue sont incertaines
Comme les tout premiers de nos souvenirs.
J'ai restitué le texte mot après mot,
Mais le mien n'en sera qu'une ombre, c'est à croire
Que l'origine est une Troie qui brûle,
La beauté un regret, l'œuvre ne prendre
À pleines mains qu'une eau qui se refuse.

UNE PIERRE

# UNE PIERRE

J'ai toujours faim de ce lieu
Qui nous était un miroir,
Des fruits voûtés dans son eau,
De sa lumière qui sauve,

Et je graverai dans la pierre
En souvenir qu'il brilla
Un cercle, ce feu désert.
Au-dessus le ciel est rapide

Comme au vœu la pierre est fermée.
Que cherchions-nous ? Rien peut-être,
Une passion n'est qu'un rêve,
Ses mains ne demandent pas.

Et de qui aima une image,
Le regard a beau désirer,
La voix demeure brisée,
La parole est pleine de cendres.

# DEUX MUSICIENS,
TROIS PEUT-ÊTRE

## DEUX MUSICIENS,
## TROIS PEUT-ÊTRE

Presque immobile cette foule sur l'esplanade à la tombée de la nuit. Si vaste que je ne vois rien qui pourrait en être la fin là-bas, l'autre rive, sinon peut-être ces panaches de fumée rouge qui portent de la couleur dans le ciel ailleurs gris, parfois presque noir.

Et voici qu'un musicien cherche à se frayer un chemin parmi tous ces êtres silencieux. Il joue d'un petit violon mais peut pousser de l'épaule ou d'un de ses genoux ceux qui lui barrent le passage, souvent sans y prêter attention. Ah, qu'il est difficile d'aller ainsi solitaire ! Parfois il faut s'arrêter parce que deux êtres se parlent et ne cessent pas de le faire, visage contre visage, avec de l'horreur dans les yeux et ces bras qui n'en finissent pas de se dénouer, nombreux comme ils sont, dans la ténèbre. Et à d'autres moments il faut, sans voir, enjamber ces corps qui sont couchés parmi les jambes des autres, indifférents pourtant, ou qui dorment. Derrière le musicien, la voie se ferme.

Devant ? Il n'y a que la nuit devant, pas même le bruit d'un fleuve.

Avance le musicien, dans la foule toujours plus dense. Avance, — mais voici qu'il comprend, soudain, que très loin encore, de ce côté d'où il vient, très loin, invisible, presque inaudible, un autre musicien essaie lui aussi d'aller de l'avant, pour le rejoindre peut-être.

Mais celui-là, ce n'est pas d'un petit violon qu'il joue. Son instrument, c'est une charpente légère, à claire-voie, on dirait d'une cage de montgolfière, avec des banderoles qui flottent dans le vent au bout de tiges sans nombre, elles tout hérissées autour d'une sorte d'âme sombre que lui, le musicien de là-bas, garde entre ses mains, à moins que ce qui semble ses mains ne soit que le soleil et la lune, rapprochés maintenant dans ce ciel d'un monde qui change. Une poignée de cuir est au bas de l'instrument, semble-t-il, mais la foule est si serrée tout autour ! On pense que la poignée a pour rôle de tirer de la profondeur de l'âme la corde qui éveille là-haut, dans la nacelle de bois, parmi ces rubans de soie, de papier, les étagements d'un son clair : cliquètements qui passent comme des rires, bruissements d'une brise dans des feuillages, brèves ondes jaunes et rouges. Le son s'accroît quelquefois, et il y a alors des enfants pour courir sous le fourré des grandes personnes qui se bous-culent, qui tombent même, à des moments de panique — mais on se relève, on cherche à faire des feux —, et lever vers lui, qui passe, leurs têtes rondes.

Y a-t-il un troisième musicien, à plus grande dis-tance encore sous l'horizon ? Un qui n'arriverait parmi nous qu'à la nuit vraiment tombée, quand la foule sans couleurs désormais, sans fièvre, n'en serait plus qu'à d'ultimes chuchotements ? Un dont l'instrument qu'il tient à deux mains, non, qu'il touche du bout du doigt, comme pour y tracer des signes, dans la buée, serait cette vitre où nous écoutions, enfants au bord du sommeil, la pluie qui frappe et qui tinte. Irrégulière la pluie d'été, parfois précipitée, parfois presque interrompue. Puis c'est deux ou trois gouttes plus lourdes, puis toute l'ondée à nouveau, et toujours c'est autre et toujours c'est pourtant le même bruit dispersé, rassemblé, oublié, perçu à nouveau jusqu'en ce fond d'un instant où tout du monde s'efface.

# TROIS SOUVENIRS
## DU VOYAGE

### I

Je regardais un tableau — un paysage — dont on me disait qu'enfin, et « indubitablement », ou « de façon évidente » y avait paru un aspect d'un autre monde. Et je cherchais, j'interrogeais ces grands horizons, ces nuées, ces arbres aux feuilles étincelantes, mais en vain. Fallait-il me résigner à penser que l'autre monde ce n'est, comme l'a pensé Léonard, le peintre, que le vautour presque parfaitement invisible qui tient avec douceur dans ses serres nos lumières et nos couleurs, à jamais les seules ?

Le temps passait, on s'apprêtait à ranger le tableau dans une armoire.

Et ce ne fut qu'à la dernière seconde, quand on l'emportait déjà, que je compris que l'énigme, ou le surcroît d'évidence, se ramassait en tout cas dans la tache verte que faisait l'ombre d'un certain arbre sur un chemin, dans un creux : là où il y avait aussi ce mur bas que réchauffait d'un grand rouge clair le soleil maintenant du soir.

## II

Puis j'essayais du dos de la main de désembuer la vitre.

Mais j'apercevais au travers quelque chose de rouge, d'enveloppé d'ailes multicolores, d'armé d'un bec immense et de griffes, et qui criait. Je n'entendais pas le cri à cause de l'épaisseur de la vitre, je cherchais d'une main aveugle la poignée qui eût ouvert la fenêtre, je ne trouvais que la forme d'un pied, d'un genou, d'un corps que je devinais d'une Victoire de marbre clair, veiné de ces grands orages qui illuminent parfois la nuit du monde.

On me prit alors par la main, on me mena dans une autre salle.

## III

Et c'est maintenant une pluie de fin du monde, à Séville.

J'entre au musée, où j'aperçois, au fond d'une salle aux vitres battues par l'eau, la statue, de bois ou de pierre peinte, d'une jeune femme qui tient soulevé à hauteur presque de son visage un miroir à main dont la monture est d'argent. Le dos du miroir, c'est encore un visage, qui me sourit. Et comme un peu de soleil, venu de je ne sais où, s'est pris à la face supposée vraie, l'image dans l'image, qui reste sombre, est tout ourlée de lumière.

Plus tard, et maintenant il fait nuit, à San Salvador. Regardant de loin la chapelle qui est à droite du chœur, je lève les yeux et vois sur le haut du mur l'ombre portée — immense, distendue, car l'ampoule qui en est cause brûle trop près d'un des montants du retable — d'une tête de bois doré qu'un sculpteur oublié ceignit jadis de rayons.

# DEUX PHRASES,
## D'AUTRES ENCORE

« Il battit toutes les allées du parc dans la claire lumière du soleil couchant, mais sans rencontrer âme qui vive ; il aboutit enfin à la grande salle et les derniers rayons du soleil, reflétés dans la glace, l'éblouirent si fort qu'il ne put reconnaître les deux personnes... » Parvenu en ce point de ma lecture, et ébloui moi aussi, je m'interromps. Trop intense est l'impression que me font ces deux taches noires qui bougent là derrière le vitrage, sous la lumière : tels deux êtres qui hantent notre mémoire, ombres des rives du Styx non point du fait de la mort mais parce que rien n'est plus dans l'inconscient — du moins nous l'affirme-t-on — que symboles qui s'enchevêtrent, symboles et non présences dans le travail du désir. « Âmes qui vivent », tout au contraire, âmes qui revivent, ces « deux personnes ». Et une rencontre à nouveau possible, dans mon avenir où l'interrompu peut reprendre, où vont peut-être s'approfondir les rapports d'autrefois, inachevés, restés du silence. La porte vitrée est entrebâillée, n'est-ce pas ? La vie va se dégager, eau en crue, courant plus rapide, des tourbillons et dérives qui en obstruaient et brisaient le cours.

Je me suis arrêté de lire. Et aujourd'hui, douze ans plus tard, retrouvant le dos d'enveloppe jaune où j'avais hâtivement griffonné la phrase, je me dis que les grands romans — et Dieu sait si le *Wilhelm Meister* en est un ! — ne sont peut-être que ceux qui se sont laissé envahir, dans les situations qu'ils évoquent, les ordinaires, par des souvenirs, des regrets, des aspirations qui se maintiennent en nous bien plus profond dans l'esprit que là où l'éros cherche à réduire les êtres à son système de signes : d'où par instants au moins ces intuitions qui trouent la parole, qui y rouvrent des voies, qui y dessinent le chiffre d'un désir plus originel — plus désintéressé, plus aimant — que nous avons mais ne savons pas laisser fleurir. Moments de l'écriture mais qui y signifient la présence. Brusques rayons de soleil, serait-il du soir, sous le couvert où nous gardaient les fantasmes. Et ces phrases, ainsi cette fulgurance chez Goethe, comme à la fois simplement du rêve et, réellement, l'élan d'un amour qui délivrerait son objet de son enténèbrement par nos rêves.

Quelque chose m'appelle dans le *Wilhelm Meister*, me fait reconnaître ce livre, surtout dans sa deuxième partie, « Les années de voyage », comme un des plus en avant, des plus aventureux dans l'exploration de ce que nous sommes ou pourrions être.

Et pourtant, cédant à d'autres besoins, j'ai remarqué, j'ai aimé — j'ai recopié — d'autres phrases. Ainsi voici devant moi, sur un petit bout de carton souvent perdu, toujours retrouvé depuis le début des années 50, ces quelques mots, à propos sans doute de Frédéric de Montefeltre, dont Piero della Francesca fit un magnifique portrait : « Le duc ne se souciait que de l'éternité, et de la beauté fondamentale de l'architecture. » Un autre éclair, ceci, d'une autre grande couleur au-dessus de la même terre obscure. Le grondement de visions, d'énergies amassées dans un autre angle du ciel.

Y a-t-il un Intelligible, dans ce ciel, où ces entrevisions, ou d'autres encore, se heurtent, mais peut-être aussi se composent, se font une seule phrase, celle de nos nuées et de notre foudre ? Y a-t-il un chemin, dans notre lieu terrestre, par où aller sous le ciel, vers lui, quitte à rester dans la partie basse, mal éclairée, de cet ébauchement dans lequel le peintre a laissé l'image ?

# DES MAINS QUI PRENNENT
## LES SIENNES

Il essaie d'écrire ce mot. Mais pourquoi les lettres ne se présentent-elles pas comme elles le devraient, sous sa plume ? Après le *a*, ce ne sont déjà plus que des chemins encaissés, des pierres à l'infini, blanches, menaçantes, qui sont tout de même peut-être la lettre *m*. Mais par la suite ! Des années ont passé, il cherche toujours à former la troisième lettre, et c'est en vain. On l'entoure, on a pitié de lui, on voudrait l'aider, ah, on y parvient ! Une grande main ferme guide la sienne, et voici que dans cette graphie qui n'est pourtant encore qu'oiseaux qui volent très bas avec tumulte et ténèbre il avance à nouveau, les yeux clos, les pieds cherchant dans des flaques, vers un soleil qui se lève.

Variante : il écrivait un mot, un de ces mots encombrés de pierres, barrés de ronces, c'était silencieux, c'était très noir sur la pente sans fin visible qu'il s'efforçait de gravir.

Et un jour, dans ce mot qui bifurquait, se perdait, recommençait, sentier toujours plus abrupt, grandes déceptions, grande tristesse, un jour, soudain, la terre se retira de sous son pied, l'horizon s'éclaira, des cimes parurent, et tout, comment dire ? riait, d'un rire qui n'était plus celui de plus tôt ou plus bas dans la parole, celui qui s'aveugle, raille, fait mal, détruit, mais une puissance montant de toutes parts dans les gouffres, les barrières rocheuses, les gaves du fond des vallées, bouillonnements immobiles, pour n'être plus rien ici, en haut, dans ce vaste pré en pente devant le ciel, que cette douceur, cet air frais, ces deux mains qui prenaient les siennes. L'enfance même, à nouveau, mais sans l'angoisse. L'évidence, comme lorsque les eaux se refermèrent sur Empédocle apaisé.

# L'AUTOPORTRAIT DE ZEUXIS

On a retrouvé le fameux portrait que Zeuxis avait peint à la fin de sa longue vie. Le voici sur une cimaise, dans cette galerie d'une arrière-cour de quartier pauvre. Il semble que Zeuxis n'ait pu observer qu'une part de son visage. La moitié gauche manque mais ce n'est pas de l'inachevé, c'est plutôt qu'il y a là comme un gouffre au rebord duquel le peintre a dû se pencher, la gorge serrée par le vertige ; et si à son tour on s'approche de cet abîme on voit très au-dessous du rebord qui s'effrite et casse les maigres arbustes qui poussent au flanc du roc et de grands oiseaux tristes qui en dévorent les baies. Plus bas encore, les remous d'une eau sans couleur.

Les visiteurs s'approchent du gouffre, ils regardent un peu, prudemment, puis passent leur chemin, en silence. Je suis là à mon tour, je cherche des yeux dans l'immensité par endroits brumeuse. La tombe de Zeuxis est au pli de deux montagnes, de l'autre côté de la faille.

À l'aide de la lunette que l'on nous offre, mais peu l'acceptent, je vois que des éboulements d'une pierre rouge en barrent au loin le chemin, qui restera donc à jamais désert. Seuls les oiseaux que Zeuxis a peints à mi-hauteur de falaise peuvent se porter à grands coups d'ailes jusqu'au lieu où maintenant il repose, puis revenir vers nous en criant dans la galerie trop étroite, où ils nous frôlent et nous font peur.

# LE CANOT
## DE SAMUEL BECKETT

L'île est peu loin du rivage, c'est une étendue sans relief dont on devine à peine la ligne basse, avec quelques arbres, dans la brume qui pèse sur la mer. Quelqu'un dont nous ne savons rien, sinon la bienveillance et qu'il a voulu que nous venions là, nous a pris dans sa barque, nous sommes partis mais il pleut et traverser le bras d'eau ressemble, sous le voile des ombres souvent très noires, à une trouée dans les apparences, au rêve d'un autre monde, peut-être à déjà un peu de celui-ci, faible rayon dans les taches sombres. Une rive pourtant, au bout de quelques minutes. Trois ou quatre marches de pierre pour le débarquement, ruisselantes, un bout de quai, deux petites maisons et dans l'une une lumière : le pub fermé et le logis de qui tient le pub et l'ouvre parfois, le dimanche, quand des paysans de l'autre île, celle dont nous venons, veulent se porter vers plus d'ouest encore. Mais nous ne nous approchons pas des maisons, nous passons à droite par les terres. Ce sont des chemins détrempés ou même pas de chemin, une lande alors, coupée de flaques si ce n'est barrée par du fil de fer, qu'il faut enjamber, bien péniblement. Où allons-nous, je ne sais, comprenant mal le rude et superbe accent de cette voix en son autre langue. Peut-être est-ce vers quelque croix de pierre des temps celtiques, dressée devant le large, peut-être seulement vers l'autre côté de l'île que nous venons en effet d'atteindre. Voici le rebord, de grosses vagues sont devant nous, très vertes, et la pluie a cessé, ou presque.

Nous sommes restés un moment, au bout de l'île. Nous admirons la mer, nous regardons aussi le chemin qui fut suivi, ou parfois laissé, à cause des trous ou sans raison : ce ne fut rien qu'une sorte de piste qui zigzague dans l'herbe pauvre, bordée par endroits de murets de pierre. Puis, nous nous engageons sur un autre, un plus large sentier, qui suit la côte. Notre guide, notre ami, parle, je le comprends mieux maintenant, parce que la mer fait moins de bruit, parce que la marche s'est faite plus facile, peut-être aussi parce qu'il a d'autres pensées en esprit, et voici en tout cas qu'une maison, il y en a donc une troisième dans l'île, se découvre derrière un arbre : et à deux pas d'elle, c'est l'océan, mais elle a son petit enclos, il y a eu là autrefois des pommes de terre, des salades, du persil, sans doute aussi quelques fleurs à l'abri d'un peu de rocher. « Ah, nous dit le marin — c'est un marin, chaque année, vient-il d'expliquer, il mène un cargo autour du monde —, cette vieille qui vivait là ! Quand j'étais enfant elle m'avait fait l'école. Et plus tard, pendant si longtemps plus tard, quand je passais par ici, de nuit, je frappais toujours à sa porte. Il pouvait être minuit, deux heures, trois, presque l'aube, je la savais éveillée, habillée, debout ou dans son fauteuil près du feu, et voilà qu'elle m'ouvrait, me riait, me servait du thé, me racontait des histoires. Elle avait sans fin des histoires. »

« Elle n'est plus », ajoute celui qui se souvient ainsi puis se tait, comme s'il écoutait une voix. Nous arrivons au hameau, les deux maisons, et il veut absolument nous faire visiter le pub, il va frapper à l'autre porte, une jeune femme paraît, un enfant, il revient avec la clef, il tâtonne dans la serrure. Nous entrons dans la salle, où il fait très sombre, où il allume une lampe. Les tables contre le mur, le comptoir usuel, avec les bouteilles, sans doute vides. Le grand plancher nu, très usé, comme si on y avait dansé des milliers de fois dans un passé qui ne touche plus à notre présent, eau qui s'est retirée du rivage. Et des photographies sur les murs, qui sont la raison de notre visite, car c'est la communauté d'autrefois qu'elles nous diront, la société des deux îles qui peu à peu s'est dispersée, s'est éteinte. Des hommes et des femmes de l'autre brume, celle du papier qui a jauni comme une métaphore de la mémoire qui se dissipe. Quelques regards qui se portent sur nous, qui nous font reproche, distraitement, comme s'ils étaient occupés plus loin par une vision, peut-être un savoir, que nous ne pouvons plus faire nôtres. L'Irlande des années 40 ou 50, aussi mystérieuse qu'un bateau cherchant le rivage.

« Et celui-là », s'exclame le capitaine au long cours, en nous montrant la photographie d'un vieil homme assis devant l'eau, sa pipe à la main, très droit, très maigre, tout immobile. « Ah, ce qu'il buvait ! Pour pêcher le homard il partait pour des jours, seul dans sa petite barque, mais déjà au départ il était ivre, parmi les flacons de whisky qu'il emportait avec lui parmi les paniers, les filets ! Comment s'y prenait-il pour affronter le gros temps, pour revenir, il revenait, cependant, il était dans la main de Dieu. »

Je regarde ce beau visage, qui ressemble à celui de Samuel Beckett, j'oublie l'alcool, qui n'est qu'une des techniques de l'universelle écriture — cette main qui cherche celle de Dieu —, je pense à l'écrivain qui vient de se glisser, lui aussi, parmi les ombres, et s'éloigne et se perd dans cette foule noircie de pluie, ou de brume, mais que désassombrit, tout de même, ici et là, et là-bas encore, un peu de lumière de soleil jaune. Beckett, me dis-je, a écrit comme ce vieil homme partait, seul sur la mer. Il est resté comme lui de longues journées et des nuits sous ces nuages d'ici qui s'amoncellent, se font châteaux dans le ciel, falaises, dragons crachant du feu à des rebords, dans des failles, et soudain se défont, rayon soudain, « spell of light » vers trois heures de l'après-midi, — et c'est alors jusqu'au soir rapide le temps qui cesse, c'est comme de l'or dans les faibles creux de la houle. Beckett est là-bas maintenant, dans ce canot parfois peut-être encore presque visible là où la crête de l'océan s'ébouriffe dans le soleil qui se couche. Et ce que disent ses livres, ne l'écoutons qu'au travers du bruit constant de la vague, ou intermittent de la pluie.

# UNE AUTRE ÉPOQUE
# DE L'ÉCRITURE

# I

« Voyez-vous », me dit cet ami de là-bas (nous sommes dans un bois, nous suivons un étroit sentier qui fait beaucoup de détours et c'est le matin encore, il y a de la brume au sol et même un peu sur les branches), il fut un temps où nous avions une idée tout autre de l'écriture, à moins que ce ne soit du langage. Car alors nous n'écrivions pas les mots avec ces traits au pinceau qui imitent si mal la chose dite, non, nous notions chacun de leurs sons, les phonèmes...

— Comme nous », dis-je. Je suis intéressé, attentif.

Il sourit. « Comme vous, mais moins pauvrement, tout de même. Car estimez-vous bien sérieusement que vous restez dignes de l'univers comme il apparaît dans les mots, ou même et simplement de votre voix, qui a en elle des fièvres, qui a voulu la musique — quand simplement vous tracez ces jambages maigres, qui vont dans des taches noires ? Nous, mon ami, nous représentions le son *a*, disons, par une jarre que nous gardions près de nous, dans l'espace même où l'on naît et où l'on meurt. Et comme nous mettions de l'eau dans la jarre, et parfois de l'huile ou même du vin, jusqu'à telle hauteur ou telle autre, alors que variaient aussi, d'une jarre à l'autre, le galbe de la paroi, la couleur des terres (pour ne rien dire de la giclée de peinture blanche que nos copistes voulaient parfois sur le flanc du vase quand ils ne se risquaient pas à y ébaucher une image), eh bien, c'était là beaucoup de réalité, comme vous diriez, dans simplement une lettre, non ? Nos signes étaient des choses, ils en étaient donc infinis. Et l'infini demeurant toujours égal à soi-même, au moins au premier regard, l'écart qui vous inquiète entre le signe et la chose (vous y percevez de l'arbitraire, m'enseigniez-vous) était comblé, ne croyez-vous pas ?

— Je ne sais, dis-je. Car, entre ces signes qui sont des choses et les objets qu'ils désignent restent tout de même les sons du mot, et avec eux notre étonnement, notre drame. Ils ont en eux la musique, me dites-vous, et toutes les fièvres ? Mais cette musique c'est nous, êtres d'illusion et de mort, et non ce nuage rouge là-bas, ou même simplement ce petit bourgeon qui va s'ouvrir, regardez : ignorant de soi, en paix. Nos leurres sont là, dès la voix, dès cette recréation si imparfaite du monde. Notre exil déjà y commence.

— Oui, on peut dire cela, soupire mon compagnon. Ces lettres que nous avions, cela nous faisait négliger peut-être le fait que les sons existaient encore : elles en étaient si différentes ! Car il fallait des yeux pour les voir mais aussi des mains pour les prendre. Et parfois on devait les respirer, et parfois encore on avait même à marcher, longtemps, de nuit, sur un chemin détrempé, pour en rejoindre une — par exemple, mais là j'invente, ce tas de pierres qui ne signifierait un certain phonème qu'avec l'aide du petit bois de chênes et d'amandiers alentour, sous le ciel du petit matin.

« Mais justement ! Tout à l'opposé de cette abstraction que reste en effet la parole, c'est donc une plénitude de chose vraie que nous retrouvions dans notre écriture : et n'était-ce pas réparer alors, réparer un peu, le tort que les mots font au monde ? Supposez que j'aie à écrire « la rose » ; et que le hasard des sons qui vont décider de nos signes la veuille représentée par une coupe de verre posée sur une table de laque près d'un enfant endormi. L'enfant respire paisiblement, on est déjà rassuré qu'il en soit ainsi, après peut-être des jours de fièvre, on écoute pourtant son souffle avec quelque alarme encore, on sait aussi que ces yeux qui se cachent dans l'oreiller vont s'ouvrir, effaçant cette lettre qui n'était que par leur sommeil : qu'importe alors, qu'importe désormais, mon ami, si les quelques phonèmes qui font le nom de la rose avaient déchiré de leur bruit un des mille plis de la robe sans couture, c'est réparé maintenant, ou du moins on peut se laisser aller à le croire. Rêvions-nous le monde, peut-être encore. Mais c'était en y dormant à nouveau parmi les choses comme elles sont. En paix, comme vous disiez. Heureux, ne croyez-vous pas ? »

Nous allons toujours, sous les arbres. À gauche du chemin, c'est maintenant une pente, avec tout au bas un ruisseau qui tressaute sur des cailloux.

« Qu'est-ce que le bonheur ? », ai-je répondu.

Il me regarda ; avec attention, eût-on dit. « C'est vrai, qu'est-ce que le bonheur ? reprit-il. Mais, à vrai dire, mon cher, avions-nous le temps de nous poser la question ? Car bien difficile était la lecture, y avez-vous pensé, et par conséquent bien longue, et bien absorbante, tant les signes étaient complexes, et leurs emplois. Ah, essayez de comprendre, voulez-vous bien, ce que pouvait être un de nos écrits ! Imaginez ici, devant vous, la coupe de verre bleue ; et là la lampe, là le réchaud de faïence grise et là-bas le rat dans sa cage. Ces choses — c'est-à-dire, bien sûr, ces lettres — signifient, forment un mot, puisqu'on les a rassemblées, avec nombre d'autres, dans cette salle. Mais dans quel ordre faut-il les lire, dispersées comme les voici entre la fenêtre et les portes ? Et combien de fois et à quels moments va-t-il falloir repasser par l'une ou par l'autre dans le déchiffrement qui commence ? La jarre, la lettre *a*, est posée sur la table basse, qui est *m*. Mais le mur derrière le vase a valeur lui aussi, c'est *r*, faut-il donc l'ajouter à notre lecture, sans oublier que s'il touche à un sol de couleur ocre, un peu rouge, cette valeur est changée ? Vous allez par cette salle des mots, qui ouvre d'ailleurs sur d'autres, et ces soucis vous tourmentent, croyez-moi. Des milliers d'emplois en ont été faits, de ces mots, dans le silence qui les recouvre, il faut retrouver ces textes, les relire, c'est même urgent quelquefois, et pourtant les ambiguïtés abondent, qui risquent partout de casser cette sorte de fil léger, arachnéen, dont on veut penser qu'il nous guide, de lettre en lettre… Mais oui, il y avait souvent des moments d'horrible tension, vous pouvez me croire. Il y avait des gens pour éclater en sanglots, pour pousser des cris, au comble de ce besoin où s'accumulait trop d'angoisse. Après quoi ils semblaient connaître, c'est vrai, de longs moments de sérénité, au moins apparente… C'est dans des heures de cette sorte que l'on se posait des questions, mais qui n'étaient pas de celles que nous venons d'évoquer… »

Il s'interrompit. « Je vous fais un cours, mon pauvre ami voyageur. Pardonnez-moi. »

Mais il reprit aussitôt : « Ce qui rendait la lecture encore plus difficile, voyez-vous, c'est que beaucoup des choses qui se présentaient à nos yeux ne signifiaient nullement, bien sûr, encore que trop souvent on l'oubliât ou ne voulût plus l'admettre, par l'effet d'une sorte de vertige. Le sol carrelé de bleu, sous la mince natte de paille, c'est le son *i*, admettons, le *i* bref ; mais la natte elle-même, ou la fourmi qui s'y aventure, non, cela ne représente aucun son, cela n'est rien, et rien non plus ne veulent nous laisser entendre la grande statue qui sourit pourtant, les yeux clos, près de l'autel des ancêtres, ni le ciel des matins d'été — bien qu'on estime parfois que celui-ci note une des espèces du son *u* (il en est, hélas, beaucoup trop) quand il y vient de légers nuages. En fait, une faible part seulement de nos référents dans le monde eurent, cela ne vous étonnera pas, valeur de lettre, bien que l'alphabet ait varié, et à des moments assez vite, laissant derrière soi beaucoup de signes désaffectés mais qu'aimaient bien reprendre certains copistes, par affectation d'archaïsme. Le nombre des signes, ce n'était que celui, disons, des pierres plates sur le chemin, il n'était rien auprès de la quantité des pierres de la montagne. Mais il y avait là de quoi nous inquiéter et nous inciter à des discussions qui en venaient vite à des questions de métaphysique.

« Au début, toutefois, on n'abordait que les problèmes les plus urgents, ceux qui ne paraissaient que techniques. Comment continuer la lecture, quand on ne sait si tel objet qui s'est imposé à notre attention (et pourquoi, parmi tous ces autres qu'on voit à peine ?) relève d'une arrière-région du signe, oubliée aujourd'hui mais frayée jadis, ou n'a valeur que de chose brute ? Cette bobine entamée, dont le fil noir traîne sur la table, près de la jarre, dans quel antique abécédaire en chercher la trace ? Et ce lac, à l'horizon, qui s'emplit le soir du grand reflet des montagnes, où s'éteint une flamme rouge, va-t-il falloir l'oublier, par décision de méthode, ou aller à lui, des jours durant s'il le faut, pour en explorer le rivage et voir si n'y attendent pas quelque part, indiquées à votre lecture en cours par le ciel (qui fut parfois dans nos manuscrits une sorte de trait d'union), la table de laque basse, la coupe bleue sur la table ? Tels étaient quelques-uns de nos débats ordinaires, et il y en avait, croyez-moi, un grand nombre de cette sorte, qui nous retenaient penchés sur une rose de sable, que l'on se passait de main en main, ou sur un reflet dans l'eau d'un bassin, ou même sur le bout de savon qui n'avait eu l'air de rien tout d'abord dans ce couvercle rouillé sur la margelle.

« Mais on en venait vite à d'autres questions encore, et celles-ci nous faisaient abandonner nos lectures pour de longues marches dans la campagne où nous nous parlions avec fièvre, nos regards cherchant dans les yeux des amis, ou de compagnons de hasard, à mesurer l'étendue de l'inquiétude commune. Puisque notre écriture est si incertaine, ne faut-il pas, nous demandions-nous alors, renoncer à l'idée même de la lecture, au moins au sens qu'avait ce mot autrefois ? On apprendrait les textes par cœur, grâce aux traditions orales, celles qui n'ont pas disparu, puis on les écrirait, mais rien que pour soi désormais, en laissant errer le regard à la surface du monde sur celles des choses qui sont des signes. Il s'y arrêterait, un instant, il y reviendrait à chaque fois que les mots du texte mémorisé le requièrent, ainsi se dépenseraient les jours, et la vie, et qui sait quel savoir, ou quelle expérience, en éclaireraient du coup les derniers moments ? Certains mirent cette pensée en pratique. On les voyait passer, silencieux, et lorsque, questionnés, ils devaient s'arracher à leur écriture à voix basse, c'était pour dire que copier ainsi, recopier (et tout de même aussi lire un peu, quand la mémoire avait remonté les derniers méandres de l'inscription pour les redescendre, barque paisible), c'était une grande joie, presque une extase. Qu'est-ce qui privait les copistes d'hier d'être des illuminés, des délivrés, nous demandaient-ils ? Le vain souci de rassembler les signes dans un espace aussi réduit que possible, pour, croyaient-ils, faciliter la lecture. Laissons plutôt les signes paraître au hasard de notre existence, n'hésitons pas à poser, par une opération de l'esprit, la jarre qu'on voit là-bas, sur ce seuil de ferme, auprès du ruisseau de la promenade d'hier qui nous est resté en mémoire. Et par la grâce de la représentation mentale apprenons à ne retenir du vain spectacle du monde que ces graphes qui nous conviennent, et séparons-les de lui, peu à peu, pour nous retirer dans cet autre espace, désormais délivrés du temps puisque celui-ci s'interrompt, n'est-ce pas, là où commence le signe ?

« Et d'aucuns pensaient même que de ces poèmes du passé, qui étaient nés d'une page bien trop étroite, on n'avait à dire vrai nul besoin dans l'heure nouvelle, car pourquoi ne pas improviser, après tout, quand on va ainsi, l'œil vacant, parmi ces signes épars ? Mais c'est alors que commença l'hérésie qui mit fin à toute une époque. Était-ce parce que ces rapports plus méditatifs, plus intérieurs, avec de grands textes avaient rendu de son importance à la forme sonore entre sens et lettre dont nous voulions délivrer le monde ? En tout cas ces nouveaux lecteurs n'en finissaient pas de contempler les objets qu'ils avaient élus, la jarre ne leur suffisait plus sans de longs moments vécus auprès d'elle, à regarder le soleil l'envelopper de lumière sur le fond de ce mur de plâtre qui ne lui ajoutait cependant que sa matière muette, sa blancheur nue — et ainsi lettres et mots étaient-ils circonscrits par une évidence d'une autre sorte, qui effaçait peut-être en certains leur abstraction de phonèmes, mais en nous détachant peu à peu de l'idée même de la parole. Disons qu'on inventait la pein-ture. Et que celle-ci prit la forme de textes brefs, parfois de seulement dix-sept signes, où ce qui comptait c'était leur aspect, sur fond de ciel et de pierres, et non plus le sens, lequel manquait tout à fait, parfois, ou se vouait à des métaphores bizarres : ce qui laissait à tels d'entre nous, Dieu sait pourquoi, un arrière-goût de tristesse.

« Un monde finissait, mon ami. Et c'est alors que d'autres encore, parmi tous ces honnêtes témoins de la parole en péril, prirent la décision, un par un, de s'éloigner de la société avec seulement quelques signes : ceux qui prenaient appui — mais aux dépens de leur évidence — sur ces choses du quotidien avec lesquelles pourtant il est possible et même facile de vivre sans vouloir plus. Ne pourrait-on, revenant au simple, désapprendre dans des emplois aussi silencieux que possible ce qui dans la jarre de chaque jour était, inutilement désormais, la lettre *a* ? Ce qui, dans la bûche qui va brûler, faisait de ce moment de flammèches et de fumée le mot qui, parlant inutilement d'autre chose, nous avait presque privés du feu ? On voulut laver ces objets devenus signes de leur signification arbitraire, comme le chercheur d'or lave au ruisseau la paillette qu'il a découverte dans le sable. Retrouver l'étincellement qu'il y a dans l'arbre quand il ne signifie que soi-même ; la lumière qu'il y a aussi dans le bras qui alors s'élève, dans la main qui cueille le fruit.

« Et fût-ce là le début de nos notations d'aujourd'hui, celles qui évoquent le mot d'un coup, par un trait qui imite non plus ses sons mais la chose dite — en tout cas nombre de ces chercheurs de simplicité semblaient heureux de leur sort. Des ermites se retiraient sous des huttes, avec seulement un broc, une écuelle, un filet pour la pêche dans l'eau voisine. Quels hymnes peut-on former avec si peu de signes, ou si peu de choses, je ne sais, tout de même ils écoutaient, disait-on, leur pensée d'avant, dégagée de ses rêveries, se réduire à cette nasse d'osier, ce broc débordant d'eau, cette écuelle, et peut-être au-delà à deux ou trois arbres, à l'herbe à leur pied, au chemin qui se perd parmi d'autres arbres. Et de jeunes mariés, des amants venaient dans leur voisinage, ce fut d'ailleurs une mode, ils se faisaient construire des bungalows de pisé, de chaume et de verre, et leur vie était réussie quand ils en étaient à ne plus rien dire ou même se dire, sinon ces quelques mots indéniablement infinis qui n'offrent plus à l'esprit que le lit défait, le feu qui fume et va prendre, la marmite où grésillent les châtaignes, et à la rigueur la beauté des fruits. Oui, beaucoup voulurent alors se détacher de ces signes qui avaient usurpé des choses. Mais était-ce possible, dites-moi ?

— Il y avait des méthodes, je suppose. La litanie. Répéter sans cesse le nom du feu…

— Lequel pouvait s'écrire en effet, et c'était là un de ces hasards que d'aucuns jugèrent de bon augure, par un peu de l'éclat du ciel, entre deux nuages, quand il tombe sur une pierre. C'est vrai qu'il y a eu des techniques pour retrouver l'évidence, pour y guérir la blessure qui avait meurtri tant de choses. Mais justement ! Le mal avait été si profond, le travail ne serait-il pas infini ?

— Était-ce vraiment un mal ?

— Un mal, mon cher, et au bout cet échec encore. Les ermites moururent, les petits bungalows furent désertés. Je ne vous raconterai pas notre crépuscule, et comment nous avons abandonné notre trop belle écriture.

— Je l'aurais aimée, murmurai-je. Je sentais, à vous écouter, que je m'attachais à elle, déjà, bien que j'eusse peut-être été moi aussi un de ces ermites, ou plutôt un de ceux qui pensent à eux et vont rôder près de leurs clairières, tels ces incroyants dont le cœur bat plus fort quand ils entendent parler de Dieu. »

Et j'ajoutai, par une impulsion : « Et vous-même ? Qu'en avez-vous pensé, de cette écriture ? La regrettez-vous, à certains moments ? »

Il éclata de rire. C'était la première fois.

« La regretter ? dit-il. Tenez, entrons dans cette cabane. »

II

Et je vis qu'en effet nous étions arrivés au bout de ce chemin sous les arbres ; et qu'au bord du ruisseau, qui s'étalait maintenant sur un sable d'un bleu léger, venait d'apparaître une petite maison de planches qui avaient jadis été peintes, puisqu'on y distinguait encore des traces de vert et d'ocre rouge. La toiture était faite de ces tuiles en forme de crêtes de coq, fantastiques, qu'on voit si souvent sur les temples de cette partie du monde. Mais une véranda fragile entourait et couvrait le seuil, tapissée d'un reste de vigne, ce n'était donc, ce n'avait été qu'un lieu de vie quotidienne. Comme la porte était défoncée nous pûmes nous glisser à l'intérieur de cette loge des bois, si peu profonde que je pensai, mais je crois aujourd'hui que ce fut à tort, qu'il n'y avait là qu'une pièce. Dedans, beaucoup d'abandon, dans la poussière des feuilles mortes. Je perçus d'abord l'odeur de l'encens, à laquelle se mêlait une senteur âcre qui signifiait la souris cachée, dont était preuve aussi un sac de riz près d'une fenêtre, déchiré. Puis je vis les objets, dont semblait émaner un rayonnement, dans la légère pénombre. Ici, sur la table basse de laque rouge, la jarre. Et ici, puis là (le regard les découvrait un à un comme les étoiles du crépuscule), la lampe, les bols, une horloge, une grosse pierre, le lit et combien d'autres choses encore dont certaines sans doute ne relevaient pas de l'écriture, par exemple ces cendres éparpillées devant l'âtre ou cet instrument de musique, que je décidai de nommer mandore. De l'autre côté de la table était la fenêtre et j'y allai. Elle donnait sur quelques arpents de bambous gagnés jadis sur le bois plus dense, mais devant le mince feuillage, qu'agitait un peu la lumière qui s'était faite plus chaleureuse, qu'était-ce que cette cour où avaient vieilli ces objets que la vie délaisse ou dont elle a un peu honte, un arrosoir, une échelle, des pots de terre ? Au ras du sol, c'était l'ombre encore, par flaques. Plus haut… « Et la lumière ? me dis-je. Ne fut-elle ici qu'une lettre parmi les autres quand nous, en Occident, nous en faisons le principe qui transcende toute parole ? »

« Regardez, murmura mon compagnon, l'étincellement du soleil de midi sur le rebord de cette coupe de porcelaine. »

Et il ajouta : « Cette maison où nous sommes, c'est *Sur les bois oubliés…*, un fameux poème d'alors, présenté ici dans une édition dite pauvre. Il fut un temps, pas si éloigné encore, où beaucoup d'entre nous savaient que tous les sons de ces admirables quatorze vers étaient retrouvables dans ces objets, que reliait le fil invisible ; mais où quelques-uns aussi, parmi nos lettrés, commencèrent à croire qu'il y avait dans leur sens une vertu propre, une efficace particulière, en laquelle ils mirent tout leur espoir. L'auteur, se disaient-ils, avait, à l'évidence, aimé l'existence comme jadis elle naissait de la vie, eau qui s'élargit sur le sable, dans la lumière. Il avait, de ce fait, appris à se dégager des leurres du rêve, il n'aurait pas apprécié ces cristaux d'imaginaire, parfois bizarres ou même pervers, que notre alphabet dépose dans la pratique du monde ; et, du coup, n'allait-il permettre à son lecteur assidu, à celui qui le redéchiffrerait sans cesse, qui oublierait dans ses phrases tout le discours humain ailleurs entaché de rêve, de voir s'effacer peu à peu dans son rapport aux objets, aux lieux, aux situations de sa vie, les signes qu'avec tant d'imprudence, en somme, nous avions formés à l'aide de choses ? Un texte, d'autrefois, pour désapprendre l'écriture même qui l'a porté, mon ami, un texte pour nous permettre de déjouer cet empiègement où nous nous prenions en voulant le retenir, un texte pour retrouver la voix seule, la voix en paix avec ces sons, ces phonèmes, qui ne sont peut-être pas notre démesure, après tout, notre abstraction arrogante, mais simplement l'écart le plus minime possible qu'on ait trouvé, hors la prédation, entre l'esprit et le monde…

« Je ne vous exposerai pas, mon cher compagnon, cette philosophie du langage que vous voyez là prendre forme, — l'ai-je d'ailleurs bien comprise ? On disait alors, plus ou moins, dans ces bois où se réfugia la pensée au déclin du siècle, que la voix humaine est comme la flûte de Pan un instrument presque naturel, un souffle où se prend le corps et avec lui toute la nature, et qu'ainsi les phonèmes n'ont rien en eux d'arbitraire : bien plus que le reflet de ce qui est ils en seraient une part, intimement associée à nombre d'aspects de la chose dite par la voie de correspondances ; et si le mot "nuit" semble clair, disait-on encore, alors que la nuit est sombre, c'est de peu d'importance, tout compte fait, ne se perd-on pas aussi dans les bois réels, la parole peut bien revivre à travers ses propres fourrés cette dif-ficulté du monde qui nous entoure, où nous avons nos épreuves mais par conséquent aussi notre vérité. On ne s'inquiétait plus, comme vous voyez, de la contingence des signifiants, en ces jours où se défaisait un monde.

« Et on se répétait donc ce poème, où il est ques-tion d'une morte qui peut revenir à la vie si, oubliées les lourdes fleurs inutiles qu'on a accumulées sur son corps, on sait murmurer son nom, avec amour, tout un soir… Était-ce là une voie ? Le passage au-delà de nos signes de tant de pièges, le secret dont je vous disais qu'à tant d'entre nous il avait manqué ? Je me souviens des visites à cette maison des bois, ou à d'autres petits logis qui proposaient ce même poème. On y venait seul, parce qu'il parle d'absence. Ou à deux, parce qu'il parle d'amour. Et souvent il avait fallu voyager longtemps, les genoux tremblaient de fatigue, on entrait avec respect, on lisait un peu, ce n'était que le premier jour, après quoi on dormait pendant que changeait la lumière. Belles journées, ce qui commençait alors, dans le bruissement des branches légères et des ombres. On avait donc dormi, le sommeil avait encore ses flaques d'eau presque noire, parmi les choses, mais on prenait vite le pot de terre, on faisait cuire le riz et on se restaurait, ou bien l'on voulait se coucher encore et la porte restait fermée, parfois jusqu'au soir, avant que la jeune femme ne sorte pour aller laver les bols à la clarté du ruisseau.

— Vous avez vécu ici, dis-je, brusquement (je souriais mais c'était plutôt d'émotion, ma voix s'étranglait un peu).

— Oui, me dit-il.

— Mais vous n'êtes pas resté ? »

Mon ami ne me répondit pas sur-le-champ.

« Bien sûr, me dit-il enfin, j'étais venu seul. Et j'étais venu aussi sans avoir connu la douleur, contrairement à ce que suppose ou même demande le poème. Pourquoi avais-je voulu celui-ci plutôt qu'un autre (car on en suggérait quelques autres, dans la forêt), c'est même ce que je m'étais demandé, bien que de façon fugitive. Avais-je donc mal choisi ? Ou avais-je eu tort de penser qu'il me fallait de tels choix ? Toujours est-il que dès le début ce ne fut pas ce que j'attendais. Le poème, que je savais par cœur, que j'aimais, était bien là, silencieux, dans le réseau des rapports presque perceptibles qui gardaient ensemble les signes. Je voyais filtrer sa lumière dans l'âtre éteint ou l'horloge, et elle obtenait de moi que je n'entende plus dans l'âtre ranimé que le bruit du feu, dans la jarre penchée que celui de l'eau qui emplit le verre. Mais c'est alors, justement, que je me laissais distraire. Non que je fusse à nouveau requis par l'étrange forme stellaire que font dans Dieu sait quelle nuit de l'esprit la jarre et la lampe et cette mandore, côte à côte. Le signe qu'était la chose s'embrumait bien, comme il le fallait — mais était-ce de la façon souhaitable ? Disons que c'étaient les objets eux-mêmes qui se retiraient tellement au sein de leur forme désormais vidée de tout sens qu'ils n'étaient plus pour moi, en effet, des signes, mais pas davantage rien de ce monde. L'horloge, autrement dit, n'exprimait plus par son battement qu'elle était l'horloge, non, le bruit s'était détaché de l'idée de l'heure, et quand minuit jetait, comme demandait bien qu'on le perçût le poète, ses douze coups, son vain nombre, eh bien, je ne les comptais même plus, le son venait trop évidemment d'un gouffre, c'est là que je l'écoutais se dissiper à nouveau. Et je pourrais vous dire la même chose du feu, que je gardais éteint, bien que sa flamme fût une lettre, et du siège à côté du feu, et du miroir, dont c'est vrai que la place dans l'écriture a toujours été contestée, toujours objet d'inquiétude.

« Et bientôt, mon ami, j'en vins à peiner à former des mots, tant je me laissais distraire de chaque objet par ce qui en lui débordait son statut de signe mais dissipait aussi bien son identité première, que je croyais intangible. Je me tournais vers l'énigmatique pendule, c'était pour m'abîmer, de longs moments, dans la contemplation de son bois ciré, où il y a dans du noir des sortes de veines rouges. Je revenais à l'appui de la fenêtre (non sans effort mais il le fallait, car là se forme un des mots que sous-entend le poème), et je n'y voyais plus que le mouvement des fourmis qui y vont souvent en tout sens, et c'est fascinant, c'est vrai, elles s'entrecroisent, c'est en désordre, une se démène à ce qu'on croirait un carrefour où d'autres hésitent, et parfois tout cela constitue comme un signe encore mais, bien sûr, d'une autre nature, pourrais-je dire figurative bien qu'à l'évidence il n'y ait pas là plus de signification que dans ces tracés pourtant infinis que fait l'écume sur le rivage, à l'heure où reflue la vague ? J'étais aussi attiré par un clou qu'il y avait dans le mur, dépassant un peu. À l'instant où j'aurais dû m'attacher à un mot, reformer un vers, mon regard revenait à ce clou, et ce n'était pas pour me demander s'il était un signe encore, comme je vous ai dit que nous le faisions fréquemment, parmi tant de graphes presque oubliés et après tant de copistes, non, c'était simplement parce qu'il s'était tordu en pénétrant dans le bois, d'où cette bosse du fer qui me paraissait plus réelle, dès lors, que tout ce qui s'ébauche et s'agite dans notre esprit. C'était, ce clou, le centre du monde. Ou plutôt, c'était le rocher sur lequel venait se briser toute idée du monde. *C'était*, puis-je dire peut-être. Et aussi, et terriblement, *ce n'était pas*.

« Après quoi, un jour, un soir, je suis sorti, comme souvent, mais cette nuit-là c'était pleine lune, la forêt tout entière était visible, je pouvais distinguer dans l'ombre ténue, où passait un vent un peu froid, tous les arbres, toutes les pierres, dont je vins à penser que chacune avait cette forme précise et dotée d'un nombre infini d'aspects, cette forme qui ne signifie rien et qui pourtant lui assure, et c'est angoissant, n'est-ce pas ? ce qu'on peut dire son être, dans la solitude des combes ou des hauts plateaux sous la lune. Un loup criait au loin, tout à sa poursuite ou son rêve. L'eau du ruisseau clapotait, comme maintenant, mais peut-être un peu plus fort car il avait beaucoup plu, quelques jours avant. Et une idée me traversa, brusquement, comme l'éclair qui manquait à l'immobilité de ce monde.

« Quel aveuglement, me dis-je d'abord (car si tout s'éclairait d'un coup, du moins y avait-il différents plans dans mon intuition, je les traversais tour à tour), quel œil privé de regard que notre écriture ! Puisqu'elle ne distingue pas entre la table que je vois ici et la lampe (ou même l'enfant qui dort) et d'autres tables ou d'autres lampes dans d'autres lieux, d'autres vies ! Bien sûr, elle prétend percevoir l'infinité d'aspects qui caractérise l'objet dont elle a fait une lettre, c'est même grâce à cela qu'elle croit retrouver l'infini qui était dans la chose première dite, malgré l'abstraction du mot ; mais à ne savoir ainsi que ce qui permet de dire : « Ceci, voyez-vous, c'est un arbre », sans s'attacher à cet arbre-ci, avec ces marques qui lui sont propres, son rapport à son lieu, qui est unique, sa ligne de faîte assimilable à nulle autre, ne sacrifie-t-elle pas, une fois de plus, le fait d'exister ici, et en cet instant, à l'évocation d'une essence : ce qui voue la chose nommée à ne plus être perçue, elle tout autant, que comme une idée, une absence ? Nous n'avons fait qu'épaissir le signe, sans triompher de sa faute. Et nous aurons beau faire un peu monter ou descendre le niveau de l'eau dans la belle jarre, nous n'aurons fait que calligraphier, ne croyez-vous pas, et non déchirer le signe, pousser le cri ?

— Vous vous contredisez, remarquai-je. Tout à l'heure vous me parliez de cette impression de paix qui monte de l'enfant que l'on regarde dormir, près de la table et du verre.

— Nous rêvions, vous disais-je. Nous imaginions ce qui n'est pas. Et pendant ce temps... Tenez, le voilà », ajouta-t-il.

Tout en parlant, en effet, mon ami avait parcouru la salle, et maintenant il me montrait sur le mur le clou qu'il m'avait dit, près de la fenêtre. C'était un morceau de fer noir, assez rouillé, planté un peu de travers, pas beaucoup, dans la paroi peinte de bleu. Mon compagnon regarda le clou quelques instants, en silence. L'exaltation qui l'avait saisi semblait s'apaiser.

« Nous rêvions, reprit-il. Et le prix du rêve, c'est le néant à quoi on voue toutes choses.

« Et vous allez me dire, continua-t-il en me regardant, non sans un peu d'insistance, que je ne faisais ainsi que découvrir pour mon compte ce que disait le

poème, qui parle d'une mort, et d'une résurrection ;
et que je ne rencontrais donc à mon tour que ce que
d'autres que moi cherchaient et trouvaient en lui,
quand ils venaient dans cette maison et savaient, eux,
mieux comprendre, puisque bientôt ils allaient penser
que ces quelques objets suffisent, pour une vie, et com-
mencer avec eux ce compagnonnage de chaque jour
qui fait de tout ce qui est auprès de nous de l'absolu,
comme on dit. Mais je ne raisonnai pas ainsi !

« Car (et il se redressa à ces mots, il parut grandir,
ses yeux brillaient) ce que je découvrais, en ce même
instant sous le ciel, parmi les arbres, les pierres, auprès
des bêtes furtives, c'est que ce n'est rien, ce tête-à-tête
qu'on peut avoir avec quelques objets qui nous plaisent,
c'est que ce n'est qu'un mirage encore, cet absolu :
puisqu'il y a tout le reste ! Laissons ces signes qui n'ont
peut-être jamais été, qui ne furent peut-être que mon
délire. Imaginez-vous à vos amours, à vos affections,
rêvant pour leurs objets qu'ils soient, absolument, éter-
nellement, comme sur un pilier de feu qui monterait
de l'abîme. Eh bien, ne faut-il pas pour qu'ils existent
ainsi, au-dessus du gouffre, que tout existe, aussi bien ?
Sommes-nous, dites-moi, si là-bas le pivert qui heurte
le tronc de l'arbre, l'entendez-vous, n'est pas, lui ? S'il y
a dans la mer une seule goutte de néant ? S'il est dans le
sable des plages un seul grain de sable qui ne soit pas ?

— Le sable ne se sait pas, me risquai-je à dire.

— Il se sait à travers moi qui le prends dans mes
mains, qui le laisse couler, qui le regarde ! Et j'en suis

donc responsable ! Oui, dans cet instant, voyez-vous, il y eut ce sentiment de ma responsabilité, qui m'écrasa. »

Il se tut. J'aurais voulu dénouer sa déraison ou atténuer sa souffrance, mais je ne trouvai rien. Il reprit :

« Toutefois ce n'était que le premier plan, vous ai-je dit. Et déjà je voyais se former en moi la grande pensée, l'éclair, qui m'enseignait le salut. J'étais donc dans le bois, mais sur des sentiers dont le sol lumineux était comme l'autre plage, par tout le ciel. Et je perçus d'abord, d'un regard, le nombre des choses, des êtres. Puis je me dis que chacune d'elles, chacun d'eux, uniques comme ils étaient, toutes et tous, dans le gouffre où brille leur différence — oui, celle qui distingue cette pierre-ci de cette autre, cette fourmi de cette autre —, étaient, en celle-ci même, par celle-ci, par la grâce de celle-ci, le signifiant d'un son, la représentation, ah, évidemment arbitraire, d'un phonème, comme vous dites, dans la notation d'une langue qui en aurait, de ce fait, autant et même bien plus qu'il n'y a d'étoiles dans le ciel, d'atomes dans ces étoiles. Je conçus qu'à employer ces innombrables phonèmes comme le fait notre ordinaire parole, c'est-à-dire d'innombrables milliers de fois pour le plus rare d'entre eux, cette langue serait capable, non d'une infinité de types de phrases, comme les nôtres, mais de bien plus, d'infiniment plus, d'une infinité d'infinis à la place d'un seul, si je puis dire. Et je compris enfin que seul un dieu, de son nombre infini de bouches, pourrait parler cette langue, et que seul il pourrait l'écrire, et que seul, mesurant alors comme nous le mensonge de l'écriture, et remontant à travers dans l'expérience de l'être, seul il pourrait fixer, fonder dans les mots cet être qui toujours pour nous s'en échappe et l'octroyer à ce triste monde avec cette fois et comme il le faut toutes les choses, toutes les créatures, ensemble, pour bénéficier de son souffle, pour être heureuses… Je compris cela, je le vis. J'avais prouvé l'existence de Dieu par le nombre infini des choses, par leur emploi comme signes, par la critique des signes ; et je le voyais maintenant qui nageait dans cette écume des mondes, qui approchait d'un rivage. Je déraisonnais, diriez-vous sans doute ?

— Vous deveniez un des nôtres, tout simplement, répondis-je, sans nul orgueil.

— Je rentrai, en tout cas, mais en sachant bien, désormais, que c'était fini pour moi, cette maison dans les bois, ces objets, cette expérience de suffisance et de paix que d'autres que moi croyaient y poursuivre. Je m'attardai ici quelques jours, c'est vrai, à remuer peut-être des souvenirs, puis je partis, ne touchant à rien. Je laissai même le célébrant à sa place sur la paroi…

— Le célébrant ?

— C'est le nom qu'on donnait à ces clous rouillés.

— Car on les connaissait donc ?

— On les dénommait en tout cas, mais sans en dire l'usage.

— Vous auriez dû rester quelques jours encore. Moi, j'aurais voulu vivre auprès de ce célébrant, puisque c'est ainsi qu'on le nomme. »

Il sourit. « Vous ne l'auriez pu », me dit-il. Et il ajouta : « Vous l'oublierez. » Puis il me prit des mains la liasse de feuilles barrées de mots que j'avais trouvées sur la table, et se dirigea vers l'âtre. Penché, il y rassembla quelques-unes des branches aux feuilles sèches qui jonchaient le sol, sans que je l'eusse perçu encore, bien qu'elles fussent nombreuses. Il déchira le papier et le dispersa au-dessus des branches. Bientôt le feu fut bâti et il brûla haut et clair, et nous sortîmes.

La nuit était venue maintenant. On apercevait des étoiles. Avec mon guide (car je ne puis dire mon maître) je m'éloignai, mais après quelques pas je me retournai, pour revoir un instant encore ce lieu où je laissais tant de moi-même.

Et je vis la maison, en effet, malgré le détour du sentier, malgré le resserrement des arbres. Les tuiles du toit, ces crêtes de coq maintenant noires, se détachaient sur le ciel où passait la lune, dans des nuages. Et par cette porte qu'on ne pouvait refermer, par ce seuil où s'engouffrait le grand vent qui secouait à présent les arbres, je vis que la lumière du feu avait grandi, qu'il se faisait de plus en plus clair, qu'il dansait dans toute la salle.

# REMARQUES
# SUR LE DESSIN

LA SENTE ÉTROITE
VERS TOUT

I

Quelles vibrations dans ce trait qui se risque parfois dans des taches, sous des rehauts d'un peu de couleur : le dessin !

Ce dessin qui peut sembler *moins*, au premier regard de qui a aimé de grands retables, ou la matière transfigurée dans un Titien, un Vermeer, ou l'orage qui va gronder ou s'attarde chez Delacroix, mais qui parfois se révèle *autant* sinon même *presque plus*, dans le presque rien d'une ligne qui hésite, qui s'interrompt. Comme si l'aveu d'une insuffisance, pour autant qu'on la reconnaisse au comble d'une maîtrise, était la vérité devant laquelle toute autre se décolore, mais aussi un afflux, quelque chose comme une source.

« Le dessin, c'est tout », disait Giacometti, qui fut aussi un grand peintre. Il avait connu la maîtrise, dès l'enfance, il y renonça, il se sut alors, et enfin, un dessinateur au degré d'intensité qu'il fallait, il ne cessa plus de chercher, de déchirer, de recommencer, de vivre son absolu dans quelques lignes presque détruites à coups de gomme. Et il dessinait encore, « des yeux », rapporte son frère, quelques heures à peine avant sa fin.

## II

Notre expérience de ce qui est, à tout un premier niveau : du langage. Nos mots puisent, là au-dehors, ce dont ils vont faire des choses, qu'ils ordonnent, qu'ils interprètent, ainsi se met en place le monde, ainsi parurent et disparurent les univers que chaque civilisation a rêvés : somptueuses figures, riches de dimensions et de mouvements, mais qui ne sont que les pages, dissipées sitôt que tournées, d'un livre que l'on n'a donc que peu de raisons d'appeler la réalité.

Celle-ci n'en survit pas moins, à cet horizon dans les choses où les mots ne peuvent atteindre, ou dans l'espace qui est entre elles : semblable à ces frondaisons d'au-dessus la muraille des jardins clos. Disons que le réel, c'est l'arbre comme on le voit avant que notre intellect ne nous dise que c'est un arbre ; ou ces dilatations lentes de la nuée, ces resserrements et déchirements dans le sable de sa couleur qui défient le pouvoir des mots.

Et poésie, c'est ce que devient la parole quand on a su ne pas oublier qu'il existe un point, dans beaucoup de mots, où ceux-ci ont contact, tout de même, avec ce qu'ils ne peuvent pas dire.

# III

Dans la parole, la poésie ; et sous le crayon, le dessin.

Que fait celui qui dessine sinon rencontrer, d'abord, le niveau où le langage décide ? Michel-Ange veut-il comprendre la musculature de l'éphèbe, Degas les postures de la petite danseuse, il leur faut une précision du regard qui s'apparente à celle de la pensée. Et d'ailleurs le muscle a un nom, le mouvement a des lois connues.

Et de cette façon le dessinateur peut être « vrai », et livrer de la vérité aux peintres, qui trouvent dans leurs couleurs, leurs valeurs, leur perspective jadis, leurs figures hier encore, leurs thèmes, leurs allusions, de quoi bâtir l'image du monde dont s'enchantera leur époque. Mais il a aussi un pouvoir — peut-il pressentir, en ce point — qui se perd chez ces peintres dont les ambitions sont si vastes.

Si étroit est son trait, si environné encore de grandes plages de vide !

Et si facile pour lui, par conséquent, de pressentir que cette page blanche est le non-savoir qui déborde son aptitude à connaître, la lumière tout autre que les flèches de ce soleil qu'il a peut-être déjà placé à droite dans le dessin, derrière ce bouquet d'arbres. Lumière qui est plus que le simple soleil physique, puisqu'elle remonte du fond de toutes les choses, éclat, rayonnement de cette unité que les mots fragmentent.

Après quoi il peut bien comprendre aussi que dessiner, c'est moins préciser des contours, en dire la vérité, que se risquer dans cette blancheur, y découvrant la précarité des acquis, la vanité des besoins, et touchant ainsi à cette réalité-unité dont le langage nous prive. En quoi le dessin, le « grand » dessin, sera poésie. Poésie « pure », déjà moderne, à côté des tableaux qui sont des œuvres mêlées de récit, de sermon, de science ; et certes riches aussi — mais de façon moins directe — de cette poésie qu'ils recueillent, parfois, qu'ils intensifient ou diluent.

IV

Alors que le dessin qui ne vaut pas est comme alourdi de « peinture » mal oubliée, la grande peinture est celle qui préserve en tous ses égarements le trait hardi qui efface, qui recommence le monde.

Mais prenons garde : ce trait n'est plus alors du crayon, du fusain que rehausserait la couleur, il peut être la barre pourpre au couchant dans un Constable, un Hodler autant ou même plus que la ligne réduite à soi que le mot *disegno* suggère, dans la tradition florentine. Le dessin est dans la peinture l'amande de l'invisible, non la quintessence même suprême des formes intelligibles. Dire : « Ce tableau n'a pas de dessin » comme on dit déjà : « Ces formes n'ont pas de vie ».

# V

Difficulté du dessin, en Occident : à cause de l'Idée, chez tant de platoniciens, ou de la pensée chrétienne d'un Verbe qui a produit l'univers : preuve, dans les deux cas, que l'on identifie réalité et langage. Nos civilisations du soleil du soir sont nées de cet enfermement de l'esprit dans les vocables, qui lui permet de se jeter en avant dans l'histoire sans garde-fou, quitte à courir au désastre. Le peintre chinois n'était, lui, que dessinateur, ne peignant le crabe que lorsque celui-ci lui est devenu si proche qu'il n'a plus besoin de le regarder, et d'un trait de pinceau qui n'exprime pas sa forme mais simplement sa légère respiration de crabe parmi les crabes.

Notre dessin d'Occident est évidemment aussi rare, aussi inusuel que la poésie.

Mais d'être ainsi resserré entre les hautes falaises de la pensée conceptuelle il n'en va que plus bouillonnant et clair, et c'est même, du coup, par des voies plus diverses que dans le lavis oriental : voies imprévues qui pénètrent loin et que voici à passer en paix près de nous à l'instant même et au lieu où nous nous pensions perdus.

Tel *Triomphe de Galatée*, chez Poussin, flot de lumière soudain à une page tournée dans le Friedlaender et Blunt. La spirale des rythmes de Raphaël remontant dans le corps de sa Galatée à lui — dans les cordes de la musique terrestre — vers ce point invisible qui est en nous le centre de gravité qui va aider à survivre.

## VI

Dessiner, dé-signer. Briser le sceau, ouvrir l'enveloppe, — mais elle reste fermée.

Peindre, alors : laisser le monde, toutes ses rives, tous ses soleils, tous ses vaisseaux glissant « dans l'or et dans la moire » se refléter dans la vitre.

# DEVANT LA SAINTE-VICTOIRE

I

La montagne est d'emblée sa masse, cette poussée
vers nous d'une profondeur qui va rester close : elle est
en cela irreprésentable. Les peintres romantiques qui
ont rêvé de la dire n'en ont retenu que le dehors, que
l'enveloppe — de creux, de pleins, d'ultimes végétations
puis de pierre nue — qu'on n'en finit plus d'ouvrir,
avec bruit même si ces rumeurs ou ces grondements
s'amenuisent parfois jusqu'à parler du silence.

Plus vrais avaient été ces imagiers médiévaux qui
évoquaient la montagne à l'horizon d'une Vie de saint
par quelque contour schématique, sans prétendre à faire
illusion. Ce n'était d'ailleurs nullement pour la rendre
présente, là devant nous, qu'un Giovanni di Paolo tra-
çait ce signe toujours le même, plutôt pour en conju-
rer la menace, car la région montagneuse, c'était pour
lui le lieu inexploré, inconnu, où il y a les dragons, les
enchanteresses, ce qui échappe à la loi de Dieu. Mais au
moins ne le réduisait-il pas à cette apparence trompeu-

sement foisonnante qui signifie que nous déployons un savoir qui nous satisfait, et donc tout autant nous leurre.

Disons cette aporie de façon plus brève. S'il y a montagne pour nous, et non la somme sans fin de perceptions seulement sensorielles, quantitatives, qui risquent de rester en désordre dans notre esprit, au profit de tous les fantasmes, c'est parce que nous subissons une impression de présence. Et la présence est par nature ou plutôt par droit — un droit que nous nous sommes donné — ce qui transcende les signes ; ce qui s'absente de tout emploi qu'on puisse faire des signes.


## II

De tous sauf un, toutefois.

Le dessin est à sa façon un emploi des signes. Qui dessine avec quelque force, qui inscrit dans la profondeur illimitée de la feuille son impression d'un corps, d'une ville aperçue au loin, d'une cime environnée de nuages, ne fait cela qu'en prenant écart par rapport à un tracé qui, lui, pourrait rappeler de façon conventionnelle une tête, une maison, la montagne. Nombre de schèmes élémentaires, qui en chinois se firent idéogrammes, demeurent ainsi tout proches, dans nos dessins. C'est parce qu'il les réinvente, spontanément, que le gribouillis de l'enfant nous retient, nous parle. C'est à cause d'eux aussi bien que l'art des adultes risque de ne faire que discourir.

Mais il y a cet écart, justement : qui montre qu'à ce début du trait où pourrait naître le signe quelqu'un a éprouvé le besoin de se refuser à la tentation de l'intelligible, a voulu attester de bien plus dans son expérience du monde que de la différence de la pomme par rapport à la poire, de la main par opposition au poignet, au bras, à l'épaule.

Et s'il a voulu cela, ce fut bien aussi parce que la feuille dont il approche la plume lourde d'encre ou le crayon, le fusain, est cette non-couleur et ce vide qui lui rappellent qu'au-delà de tout objet défini ou définissable le monde est un fait — sinon même un acte — d'unité originelle et finale, qui transcende la manifestation particulière, apparemment autonome, de ses parties.

Là où on pourrait s'attacher à inventorier ces dernières, à les dessiner comme on donne un nom, comme on élabore une notion, comme on pourrait tenir un discours, la blancheur, le vide rappellent que les mots ne font qu'extraire aspect après aspect — apparence fossilisée — de la carrière de l'Être, et ne nous proposent donc, de ce qui est, qu'une idée, une image, qui nous privent de sa présence. Le dessinateur est à un carrefour, le premier : celui d'où l'on aperçoit la montagne, encore. Il peut se mettre en chemin.


III

Comme Cézanne, reprenant chaque jour celui de la Sainte-Victoire. Cézanne ne voulait que représenter, croyait-il et s'obstinait-il à croire, il ne voulait que faire apparaître, avec même de la couleur, des valeurs, ce qu'il voyait, de ses yeux ; mais ce qu'il obtenait ne le satisfaisait jamais, parce que c'était du dehors, du divisé, parce qu'y manquait l'Un, qu'il apercevait de par un œil plus profond.

Et ce que son obstination signifie, c'est que tout, chez Cézanne, se joue dans le dessin. Contre sa couleur, où se dit son désir de l'apparence, de la beauté, du plaisir, joue une force sévère, celle qui ne sait que la Présence, cet aimant logé là-bas, là-haut, à la cime ou plutôt en elle, au point dans cette cime qui fait qu'on n'en voit plus la figure. Le cœur du tableau, c'est que la ligne de crête s'y interrompe, reprenne, se brise encore, trait qui s'absente du trait pour signifier — non, plutôt pour être, immédiatement — la Présence.

Le dessin est ainsi la voie. D'où suit que l'abandon aujourd'hui de la peinture de paysage, ou du dessin du corps, est catastrophique, car c'est se vouer toujours plus à ce savoir du partiel et de la surface — cet aveuglement — qui obnubile les mots quand ils ne savent plus qu'il y a un monde.

IV

Il est vrai que la poésie aussi, c'est un trait qui se refuse à se refermer sur soi. Une phrase où le signe se brise, reprend, bien sûr, mais doit s'interrompre encore.

Car la poésie, malgré l'ampleur des œuvres, ce n'est pas se complaire à la mise en place d'un univers du langage, avec objets ancrés chacun dans son nom, riches chacun de sa différence, c'est entendre dans chaque mot un silence qui est l'équivalent, dans l'espace propre au dessin, de la non-couleur, du vide. La poésie n'a été comparée à la peinture, à travers les siècles, c'est-à-dire rabattue avec celle-ci sur l'idée d'un discours qu'il y aurait dans l'une autant que dans l'autre, que par crainte de ce pouvoir qu'elle a de rompre dès son début, de transgresser, non tel discours mais la signification comme telle. La poésie est dessin : ce qui dé-signe.

Et Cézanne qui a brisé la tradition séculaire d'une peinture qui se consentait un discours — quitte, pour les artistes, à ne valoir que par trahison de cette promesse —, Cézanne qui retrouva ainsi l'art épiphanique du haut Moyen Âge, de Byzance, Cézanne parle, de ce fait, comme bien peu d'autres peintres modernes, à la poésie d'aujourd'hui, laquelle ne vaut, à mon sens, que comme la même attestation, en notre moment périlleux où jetés du cornet du désir de science les dés des mots vont roulant, doutant, brillant et méditant — avant de s'arrêter à quelque point dernier qui ne sera, hélas, que l'indifférent double-six de la matière enfin déployée, sans lumière, dans le langage.

Il y a un souvenir de Cézanne, répercuté par Giacometti, dans la poésie contemporaine. Une montagne qui y affleure, non certes représentée, trait d'une cime qu'on aime voir s'interrompre, mais moins par l'effet des nuées du ciel physique que par, retenu contre elle, condensé à ce flanc de ce qui est, le nuage d'inconnaissance. Trait sans raison ni apport que d'être le seuil d'une lumière qui reste seule. Trait profondément nourricier pourtant : car c'est de par cette approche un premier temps négative que va refluer la force de vie qui nous fait aimer les choses terrestres et leur trouver non plus de la signification mais un sens. Il faut ce dénudement de l'Être pour qu'exister atteigne à sa plénitude.

V

Et qu'on se garde donc de se complaire à une pensée qui n'est que trop séduisante, de par son goût d'amertume. Cette Sainte-Victoire qui a été incendiée, ces étendues calcinées, ce rocher à nu là où bougeait l'arbre, où s'attardait de la brume, on peut et on doit même se dire que c'est bien là une image de la dévastation que nos conduites commettent, qui saccagent les lieux parce qu'elles ne savent plus qu'ils sont des médiations, par nature : l'insistance des simples et saintes choses entre les mots et l'Un, que les mots fragmentent. Il a de ce feu une vérité sauvage. De cette mise à nu qui est mutilation, non amour, une leçon, méditable. C'est comme si notre mal faisait signe à notre conscience.

Mais comment ne pas refuser ce signe qui plus encore qu'un autre saccage ce dont il parle ? Les vraies approches de la montagne ne sont pas ces tableaux moins sublimes que pittoresques qui en inspectent les aplombs vertigineux et les gouffres mais ces œuvres de

Poussin, par exemple, où la scène n'est que de quelques bergers, d'une prairie, d'un bosquet, mais où pourtant on se sent, mystérieusement, *en montagne*, c'est-à-dire au-delà du seuil, en ce point où vivre en *présence* signifierait surtout et d'abord rester au plus intime de soi et au plus simple.

Il faut que la vie végétale reprenne, sur la Sainte-Victoire. Mais, s'il vous plaît, puissances de l'administration de ce monde, que ce soit sans programmes ni plans, qui ne feraient qu'y porter cette aliénation par les stéréotypes de la parole dont le tourisme est l'avant-garde militante et bien près d'être triomphante. Que l'arbre repousse comme il le veut. Que la nature suive sa loi, qui est notre seule source. Que rien n'aille plus vite que le temps, qui est lui aussi, lui surtout, l'évidence toujours perdue. La blessure au flanc de la montagne qu'aima Cézanne est tragique. Mais vouloir la panser serait simplement misérable. Car le sentiment du tragique n'est après tout que ce qui naît dans l'esprit de l'obstination de l'espérance. Il dit le besoin de sens, quand faire de la nature un décor, c'est y ensevelir notre raison d'être.

COMME ALLER LOIN,
DANS LES PIERRES

# I

Écrire, poétiquement, c'est effacer dans le mot, par le souci de ce qui en lui est sonorité, musique en puissance, cette part notionnelle qui le met en relation avec d'autres notions, d'autres idées, rien de plus. Et c'est donc dégager de cette rêche enveloppe une figure des choses qui n'est plus ce que l'on croyait en connaître quand encore on les réduisait à l'abstraction d'un savoir. On *voit*, soudain, ou du moins on s'attend à voir. L'arbre se dresse dans le mot arbre, en poésie, comme il le fait à la croisée de deux routes, silencieux dans la brume, et d'évidence averti de la voie que nous devons prendre.

Et c'est donc là comme dessiner, d'où ce souci du dessin qui va de pair si souvent avec la réflexion sur la poésie. Car dessiner non plus n'est pas obéir à un savoir que l'on a du monde : sinon ce ne serait que triste et méchante étude, académique. Le grand dessin va le trait comme on se défait d'une pensée encombrante, il n'identifie pas, il fait apparaître.

## II

Terre, dessin, puisque nous sentons dans notre pas qui cherche et qui peine à flanc de coteau la force qui en a rassemblé, qui en a soulevé les pierres, qui de par l'intérieur les a jetées au bord du visible : si bien que l'on ne peut oublier que leur apparence est un apparaître, leur découpe sur le grand ciel une enveloppe que l'on découvre interrompue de partout, une ligne qui retient mal une profondeur de lumière.

Le médiocre dessinateur imite par petites touches craintives, discontinues, la masse de la montagne, qu'il a dûment regardée, analysée. Le grand dessinateur se tient, lui, en ce point au-delà de la perception — au centre de ce qui est — d'où a pris son élan la force qui rassemble et jette au hasard les pierres. Il va, venu du dehors, vers et de par ce fond qu'il fait sourdre et se briser sur des restes de l'apparence comme retombe sur le récif la gerbe d'étincelante, de noire écume.

Montagnes basses et vieilles, usées, plus facilement cette grande occasion pour lui que les cimes jeunes, tout en aiguilles que l'on ne peut s'empêcher, inutilement, de compter.

## III

Dessin, reflet du monde dans la vitre que frappe un soleil de plus loin que le monde.

Couleur, « grande couleur » : ce qui reste d'or et de rouge dans ce reflet d'un contre-jour dans la vitre. Couleur pénétrée de lumière comme jamais dans la vie, et pourtant parfois presque noire.

## IV

Dessiner

> *because the mountain grass*
> *cannot but keep the form*
> *where the mountain hare has lain,*

comme a écrit Yeats dans ce bref poème intitulé *La Mémoire*.

Mais encore faut-il que le dessinateur sache être l'herbe de la montagne, celle qui résiste à tous les vents mais s'ouvre aux fleurs les plus simples, entre d'ultimes plaques de neige. Encore faut-il qu'il accepte que le vent passe et que l'empreinte s'efface.

Je pense à l'herbe d'avant l'humanité, d'avant le langage. À un espace d'herbe où aurait dormi une bête, et qui en garda alors, insue de toute conscience, la forme, pour un instant.

Est-ce là qu'à l'aube de l'esprit, dans un regard sur une herbe encore couchée, forme vague, révélatrice pourtant, présence en l'absence même, se forma la première idée de ce qui peu à peu se substitue au monde, le signe ?

Que l'on voudrait que nos signes aient ainsi leur lieu dehors, leur substrat dans l'herbe de la montagne ! C'est leur surcroît sur les mots qui rend si émouvantes ces formes dont nous ne cherchons pas à faire des signes : le dépôt de l'écume sur le rivage, le chemin qui s'élève à flanc de coteau dans les pierres.

V

Tel dessin, et je pense au début du *Tao Te King* :

> *La voie qui peut s'énoncer*
> *N'est pas la voie pour toujours,*
> *Le nom qui peut la nommer*
> *N'est pas le nom pour toujours.*

Il est facile d'entendre là, en effet :

> *Ce tracé qui croit être la vraie forme*
> *N'est pas le vrai tracé.*
> *Le tracé qui sait qu'il se perd*
> *Est, lui, au seuil de la voie.*

Dans le suspens du crayon, en cet instant où il ne sait plus, des forces s'éveillent dans l'esprit, qui se résignaient à dormir ; et l'une, par exemple, qui d'un bond va rejoindre l'oiseau qui tourne en criant au-dessus des bois tout ce matin où les yeux du dessinateur sont restés fixés sur le visage de son modèle.

Suspens, seconde d'aveuglement, pensée que l'apparence est immaîtrisable : c'est la respiration de l'esprit.

L'Occident n'a été longtemps — n'est toujours — que dogmes et certitudes. Ses tableaux sont un déploiement d'idées arrêtées sur Dieu, le monde, les êtres, même les feuilles des arbres. Heureusement la moindre de ces pensées est-elle tributaire de ce début du trait sur la toile, où le peintre a chance encore de se reconnaître l'ignorant, et ainsi de sauver le monde.

Et ne furent et ne sont encore grands peintres que ceux qui ont laissé cet instant de suspens durer un peu dans leurs lignes, leurs couleurs mêmes, se résignant pourtant, pour finir, à prendre une de ces voies balisées qui donnent aux civilisations leur forme. — Se résignant comme il le faut bien, hélas ! S'ils retardent à l'infini de le faire, ils ne seront plus, Dieu devenu peintre, que l'auteur, sur la page blanche, de la lumière. Et nous ne les saurions pas, nous qui ne communiquons que par nos manques.

## VI

Dieu manque tellement dans les mots qu'il faut être athée, ce n'est que prudence, mais s'il paraissait dans le dessin, toutefois, par la grâce d'un trait qui se rompt, d'une lumière qui gicle ?

On commandait jadis de vastes retables pour dire Dieu à grand renfort de rayons de bois doré ou de gemmes, belle fête, d'ailleurs, malgré le sang inutile de ces martyres dans les images. Mais deux traits d'un simple dessin auraient donc suffi pour bien mieux le crier au monde, ou plutôt même pour l'être, paisiblement, sans cérémonie, comme le sont déjà, mais hors de nous, les nuages qui se séparent dans le soleil, ou les cailloux qui roulent sous notre pas. Heureusement de grands peintres ont-ils caché du dessin, avec une provision de lumière, dans la colonne où on leur avait demandé d'emmurer la bête du sacrifice.


## VII


Écrire comme d'autres ont dessiné. Faire s'envoler tous les rêves qui sont perchés sur toutes ces branches, et offusquent de leurs ailes battantes et de leurs cris le fruit de l'arbre du monde.

Et qu'il n'y ait plus alors dans les mots que les passages rapides de l'ombre et de la lumière, comme dans ces portraits de Frans Hals qui avait compris que le visage est un paysage, l'âme une nuée qui emplit un instant le ciel, le sourire une fin d'orage. La terre est un ange, c'est là découverte de dessinateur, c'est l'évidence qui jaillit de ces coups de pioche, parfois, dans l'apparence pierreuse.


## VIII


Preuve que le dessin va à l'unité comme le ruisseau va au fleuve : son intérêt si longtemps pour le corps nu, surtout celui d'une femme, et pourtant si souvent avec si peu d'érotisme. C'est qu'il se souvient de tout autre chose. Des heures de l'origine où l'enfant se blottissait contre le corps maternel et n'avait pas de langage encore : si bien qu'il ne faisait qu'un avec cet événement que les mots ne fragmentaient pas, n'éloignaient pas.

L'éros peut paraître avec grandeur dans le dessin de nu mais seulement sur cet arrière-fond d'invisible, et donc de douleur, comme ce qui vit en exil et se retourne avec nostalgie vers un bonheur plus grand que celui qu'aujourd'hui il cherche à connaître.

Et il s'accompagne parfois de ces déformations qui signifient qu'on en est encore à s'effrayer et souffrir de l'intrusion des vocables dans l'intimité en cela perdue. L'élongation, dans la *Madone au long cou*, est contemporaine des premiers mauvais rêves de la parole comme certains fossiles le sont de ces plissements qui sont devenus nos montagnes.

Il y a désir quand, les signes ayant fragmenté, voilé, démémorisé l'unité vécue au tout premier âge, notre besoin d'unité, demeuré intact, s'attache à quelque objet que veut la pulsion sexuelle mais tout autant le garde à distance, pour rêver que de l'absolu soit encore pensable et accessible. Et tout autant il se garde de jamais se réaliser.

## IX

Cette unité qu'a vécue le petit enfant : qui tient une main, qui trouve auprès un poignet, un bras, qui va apprendre à comprendre que ce sont là des aspects, des choses, lesquelles peuvent être distinguées, dissociées, recevoir un nom l'une auprès de l'autre ; mais qui sait encore, du plus profond de sa conscience sans mots, que cela est *un*, autant que c'est vivant, respirant ; et qui éprouve ainsi l'unité comme une intimité, un bonheur. Passer alors, par le contact des doigts, de telle « partie » du corps, si c'est le mot, à une autre. Et ce ne sera pas caresser mais l'exercice d'un sens dont les cinq de plus tard, et même la vue, ne seront que de vaines ombres. Ainsi aimera-t-on. — Ainsi dessinera-t-on, ou devrait-on dessiner.

Un trait qui aura épaisseur, comme infinie. Ce sont les fantasmes qui font maigrir le tracé, qui le vident de sa substance. Étant le langage qui naît, qui a vertige, qui se crispe sur les quelques phrases qu'il forme.

## X

Le portrait chasse le nu, le nu le portrait. Peindre un tableau, faire un dessin qui soient à la fois un portrait et une étude de nu, n'aura été, aux temps où l'on s'attachait à l'un et à l'autre, qu'une entreprise bizarre, inusuelle, plutôt d'ailleurs une extension du portrait. Et cela parce que le corps n'est pas un aspect de la personne, il est trop au-delà de l'emprise des mots, dont la réalité personnelle est le produit, au contraire. La personne ne peut se retrouver en continuité intime, profonde, avec son corps qu'en faisant en soi le silence ; et alors elle présenterait à son peintre un visage aux yeux clos, aux traits qui s'effacent dans le même absolu qui ourle l'arbre ou la pierre.

Cet effacement, cette paix, c'est ce qu'ont cherché à exprimer quelques grands sculpteurs athéniens ou de l'époque néo-classique.

## XI

Qui n'aime pas le vers de Baudelaire : « Les violons vibrant derrière les collines » ? Et cet assentiment qui se fait en nous spontanément, immédiatement, n'est-ce pas parce que la phrase musicale semble redoubler de par en dessous la ligne de faîte, si bien que la forme visible de la terre nous apparaît comme portée par une autre, qui est en nous ? Il n'y a plus alors de dedans, plus de dehors, comme précisément dans la prime enfance. *Moesta et errabunda* évoque certes des moments plus tardifs de l'existence, ceux des chansons, des bouquets, ceux même des baisers et des brocs de vin sous les tonnelles. Mais c'est pour rêver que ces heures encore peuvent être comme irriguées de la sève de l'origine ; être l'« innocent paradis ».

## XII

Idée classique de la beauté : qu'elle consiste dans l'harmonie des parties. Nombres qui par affinement réciproque s'élèvent à un équilibre suprême, déjà de l'invisible, et qui consonne avec l'Un, explique Platon.

Mais Plotin combat cette pensée. Parler de l'harmonie des parties suppose la notion de partie, l'expérience de la partie, alors que la partie, c'est du divisé, c'est-à-dire le fruit d'une analyse. Pourquoi se placer d'emblée au sein des catégories mêmes qui ont détruit l'unité et font qu'on l'oublie ?

Plotinien peut donc être dit le « grand » dessin, qui ne sait pas les parties, qui en consume jusqu'à l'idée dans le trait même qu'il trace. Il va droit à l'Un, il ne s'est pas laissé empiéger dans des rêves d'Intelligible.

Et pourtant, lorsque les théoriciens néo-platoniciens de la Renaissance disaient que chaque chose a son essence au ciel de l'Intelligible, et que le *disegno* n'a pour tâche que de dégager cette essence, n'était-ce pas là subordonner la rencontre du monde naturel, immédiat, à la conscience spéculative, à un savoir préalable, et entraver de ce fait la liberté que je viens de dire ?

Mais l'Idée comme quelques artistes alors l'entendent est tellement supérieure en pureté, en intensité, aux aspects du monde, que remonter vers elle à travers ceux-ci, c'est faire tomber ces apparences, c'est les sentir moins l'approximation parfois acceptable que la destitution qu'il faut toujours refuser, — et c'est donc en venir, dans l'ascension spirituelle, en un point où l'on ne pourra plus voir avec les moyens ordinaires, analyser avec le savoir terrestre : en bref, où l'on sera devant l'Idée du visage comme le grand dessinateur l'est lui-même, en sa cécité fondatrice, devant la moindre chose d'ici. L'instant de l'expérience n'aura été que reporté plus avant dans le regard sur la même chose. Mais il est toujours ce saisissement de l'esprit qui voit de l'invisible labourer soudain, retourner, briser, le visible. D'où cet apport de dessins, et si merveilleusement riche encore de réalité ordinaire, qu'on doit à la Renaissance tardive. Quelques-uns, notamment, dans les carnets d'Annibal Carrache.

La poésie de ces temps a platonisé, elle aussi. Mais elle ne pouvait se porter aussi loin vers l'épiphanie, du fait de ce poids de notions qui est inhérent au langage, et ne fut jamais aussi lourd que lorsque le poème avait à subir les contraintes des orthodoxies morales, des dogmes. Les inventions amusées de l'*Orlando furioso*, de l'*Aminta*, sont pour que la parole s'ouvre, fictions qui nourriront en retour de leur feu léger l'art du peintre, encore trop souvent enchaîné dans des chapelles trop sombres.

## XIII

Voir parce que l'on a appris à ne plus savoir. Voir comme l'archer zen, qui n'a plus besoin de regarder ce qu'il vise. C'est ce qu'Henri Cartier-Bresson cherchait à faire en photographie déjà : réagir, à la circonstance qui s'offre, de façon si rapide qu'en serait prise de court l'interprétation qui en rendrait avec précision, trop de précision, quelques aspects, mais en voilerait d'autant plus la profondeur de présence. Et pour mieux se déconnecter des significations véridiques mais tout de même superficielles qui risquent d'entraver cette réaction de survie, ne se fier pour celle-ci qu'aux rapports de hauteur et de largeur, de proportions, d'équilibres, qui détournent d'analyser avec les moyens du langage l'événement qui a lieu. « Aimer » la géométrie, au moment où l'on a entrevu un fait de la profondeur, ce n'est pas se laisser distraire de lui, c'est le dégager des explications qu'on s'en donne toujours trop vite, et qui font que l'on « cadre » intelligemment — pauvrement.

Avoir entrevu, et chercher maintenant à voir, pleinement, et non à comprendre : photographier ainsi, c'est comme quelquefois l'on dessine ; et il n'est donc pas étonnant que Cartier-Bresson ait fait en soi, et de plus en plus, une place, une grande place, au dessinateur. Cette évolution n'est pas le fait surprenant d'une vie, plutôt l'éclairage soudain qui dissipe une apparence d'énigme.

La géométrie ? Pour rencontrer ce qui est en passer par ce qui ne parle pas, et peut donc répandre sur ce que le langage assaille, enténèbre, voile, la fulguration du silence. C'est cette géométrie à laquelle Cézanne avait recours quand il voulait susciter, non certes la forme, le simple profil physique, mais la présence même, l'être-là sans recours, de la montagne. Des cônes et des cylindres qui ne sont pas destinés à témoigner d'une prétendue structure harmonique de l'Univers, mais à le laver de l'anecdotique, du pittoresque, — à se porter au plus près du brut de l'air et des pierres.

Et il y a de la géométrie aussi chez Degas, quand il perçoit d'un seul coup la tension qui unit, comme la corde dans l'arc, un bras dressé, une jambe : mais pour rencontrer sans psychologie cette fois, sans préjugé — et sans implication personnelle — le mystère de cette grande présence sans nom, sans fond, qui à travers le plus frêle corps coïncide totalement, infiniment, avec soi. Cézanne, Degas ! Cartier-Bresson montre qu'ils sont de la même famille, dont le secret est l'ingénuité, au sens premier de ce mot : état de celui (ou de celle) qui est né libre.

XIV

Et dans cette lignée il est, lui, de ceux qui aiment partir de bon matin, et le pied léger, parce que la route est rugueuse, dans ses cailloux à n'en plus finir. Combien faut-il s'évertuer, en effet, pour être libre ! Que d'habitudes à défaire (avec précaution, pour ne pas blesser ce qui est) ! Et tant de maniérismes perdurent dans le poignet le plus souple ! Dessiner, c'est abandonner, sacrifier ses biens, brûler ses vaisseaux. On pense à Bashô, cette fois, au début de la « sente étroite » : « Moi-même, depuis je ne sais quelle année, lambeau de nuage cédant à l'invite du vent, je n'ai cessé de nourrir des pensers vagabonds. »

« Sente étroite », certes, ce trait du bout du crayon qui visite toutes les régions du pays terrestre mais fait que l'on comprend vite que tous les lieux s'équivalent, que l'on est toujours au centre du monde. D'où suit que si la fresque du XIV siècle, cette peinture, a autre apparence et style que le *Bar aux Folies-Bergère*, le dessin tracé sous la fresque — la *sinopia*, qui apparaît

333

dans l'écaillement ou au moment des déposes — est de même esprit et presque même figure chez l'obscur giottesque ou chez Delacroix ou Manet. Les siècles passent sans rien changer au dessin quand celui-ci n'a souci que de l'amande des choses.

Dessiner : comme aller loin, dans les pierres.

L'ARBRE, LE SIGNE,
LA FOUDRE

I

Dessiner : avoir à choisir entre imiter un objet ou produire un signe. Soit évoquer un contour, un rythme, une texture que l'on perçoit en un point du monde, et laisser ainsi la forme qui naît sur la feuille entendre l'appel d'un fait de réalité qui transcende tous les savoirs. Soit tracer à partir de rien dans la perception — de rien, mais peut-être aussi bien d'une réminiscence de tout, eût dit Mallarmé — la structure parfois tout à fait abstraite qui n'aura de sens que par convention : sauf qu'elle donne à rêver que sous sa figure arbitraire elle a réalité elle aussi, autant sinon même plus que n'en a notre univers illusoire. Simples inventions des civilisations successives, destinées à se refermer sur leur signification d'un moment quand le sable du temps les aura couvertes ? Ou idéogrammes d'un absolu, affleurant — bien que de façon difficile, demandant ascèse ou initiation — dans la relation de l'être parlant à soi-même ? Le signe est cette question quand simplement dessiner, se porter dans le trait vers le corps ou l'arbre qui sont au-delà des mots, a chance de dissiper en nous ce langage qui nous trouble de ses questions.

Dessiner, — décider. Tenir entre ses mains, puisque ces deux approches de ce qui est s'y combattent, la destinée de l'esprit. Et hésiter, cela va de soi ; ou se vouer à des partis ambigus, qui permettent parfois par des expériences complexes de mieux comprendre les enjeux et les risques, les illusions et la vérité de chaque voie.

Hollan ? On ne sait souvent, et sait-il lui-même ? s'il a décidé, justement. Ces grands dessins au fusain, à l'encre, c'est bien l'essentiel de l'arbre devant lequel il revient sans cesse, c'est bien l'élan qui jette ce chêne de la racine à la branche, des pierres tassées dans le noir contre la racine aux vibrations de l'air du jour d'été dans les feuilles : élan de matière à lumière qui fait de cet objet du réel et de ce réel une source, à quoi s'abreuve l'esprit qui se penche ainsi sur ce qui l'a précédé, sur ce qu'il sent plus que soi. Mais dans ces mêmes œuvres ou d'autres tracés, plus schématiques, et qu'Hollan présente par groupes, la forme sur la page a beau évoquer le grand rythme dans le grand arbre, on est tenté de penser qu'elle indique aussi, ou même d'abord, sa propre nature de forme : structure qui du coup ne naît que de soi, étant d'emblée dans le champ d'une écriture dont la recherche sans obligation dans le monde des apparences va, qui sait ? en percer la clôture, pour nous donner à lire le texte de l'invisible.

Graphe comme une plante qui pousse dans les virtualités, à l'infini, du trait sur la page, cette pierraille.

Alors que regarder, simplement, et imiter du bout du crayon ce que l'on voit dans l'espace ne ferait, croit celui qui aime les signes, les alphabets, que nous retenir à de l'illusoire.

## II

En somme, voir ou savoir ; vouloir voir, simplement, ou imaginer savoir. La fourche au milieu du tronc où deux besoins ou désirs de l'être parlant se séparent, encore noués l'un à l'autre — dans ce trait qui surgit de l'encre — comme deux expansions de la même sève. Il n'est que naturel qu'un artiste se place en ce point de la division des branches maîtresses, ne voulant se priver d'aucune de ces poussées qui se font rameaux, feuillages, fruits, mouvement du vent dans l'épaisseur légère d'une grande œuvre.

Mais c'est aussi que les arbres, ce sont à la fois des êtres, essaimant leurs aspects sous notre regard comme le fruit disperse ses graines, et ce que la vie semble avoir prévu pour que naisse au-delà de ses formes à elle, privées encore de sens, l'idée même du signe, celle dont voudront les langues pour leurs inscriptions, leurs rites magiques, leurs spéculations spirituelles. Après que le bruit dans le monde — peut-être, à travers le chêne, celui du vent — a suggéré la parole, c'est la forme si remarquable de l'arbre qui serait venue en silence se placer auprès du son se faisant esprit.

Est-ce là rêver, oui, bien sûr. Mais si nativement est forme qui retient à soi, qui semble valoir par soi, qui appelle à réflexion sur ce qu'elle est, sur ce qu'elle peut, sur sa raison d'être dans le monde, la branche qui se recourbe ou fait angle, mystérieusement, sur l'arrière-plan des nuages qui s'assemblent ou se séparent ! Et semblablement la racine qui se dégage, déjà le tronc, d'on ne sait où dans l'en deçà du visible ! Et même ou surtout peut-être sont suggestion de forme devenant signe ces nœuds de forces qui gonflent de leur puissance les points saillants de l'écorce. Hâte de l'arbre à pousser, impatience de la vie à être, — mais ce sont déjà les pleins et les déliés, les empâtements, les rameaux de l'encre qui se fait mot sur la page. Et l'encre aussi a son rythme, ses accidents, ses éclaboussures de nuit dans sa lumière à elle, celle de cette page où elle se risque.

III

L'arbre, le premier signe. C'est à voir l'arbre au loin sur les nuées du soleil couchant ou de l'aube que l'être conscient a jugé qu'il pourrait — fixant à un zigzag de charbon sur une paroi sa parole née mais encore enfante — ajouter au monde ce supplément, au visible cet avenir qui se retournerait contre l'apparence, qui y ouvrirait une faille.

Et quels espoirs, en cela ! Car ce premier signe, encore emprisonné dans les branches de l'arbre qui sont sans nombre, encore effrayé de ce qui, par en dessous dans la sève, le travaille toujours, le déforme déjà, l'aura bientôt effacé, — voici qu'un feu qui tombe du ciel le frappe. Sous la foudre l'arbre se clive, le signe brûle, la signifiance s'avoue de réalité inférieure à la puissance divine qui la brise, mais dont au même instant elle a formé la pensée. Elle qui est figure de mots, institutions des objets, création du monde, terre qui s'étend de plus en plus sous les pas, elle est maintenant ce qui défait tout cela, ce qui n'atteste que la lumière.

## IV

Vaisseau transparent de l'arbre qui brûle, du signe qui recueille non plus le nom mais la profondeur que le nom celait. Le signe substitue à la chose une simple idée, à la terre une simple image, à l'existence un exil, mais l'arbre foudroyé fait corps trop intimement avec le grondement qui le secoue, avec le rayon qui court entre les nuages, pour que par sa fourche accrue brusquement du feu on n'entre pas de nouveau dans le monde de l'origine, qui est lumière.

L'arbre que dessine Hollan attend la foudre. Ces yeux savent percevoir, sous l'apparente continuité de l'écorce, des branches, du feuillage — ces perceptions que les mots suggèrent —, les mille failles qui communiquent avec la véritable substance, laquelle n'est pas la matière, infiniment divisible, mais l'Un, mais l'expérience de l'Un. De l'enchevêtrement, du bruissement de l'apparaître Hollan veut dégager cette coupe débordante, l'élever, la voir ruisseler sur ses mains. Ainsi est-il revenu, dans sa double postulation, de l'invention du signe à une attestation de présence.

V

Et on se dit alors que l'éclair aussi est un faisceau de racines, dans encore de la matière ; et que plus haut que lui il y a donc peut-être le tronc d'un arbre dans un ciel au-delà du ciel, avec son autre couronne : branches, rameaux eux-mêmes de feu, se détachant comme encore un signe, inconcevable ou très simple, sur les nuées de l'arrière-monde. Y a-t-il ces foisonnements, ces étagements, dans l'évidence ? Cet oxymore de multiplicité et de paix ? Oui, il arrive qu'on les pressente, à la voûte de quelque rêve.

Ou en cet autre point de resserrement entre racines et tronc — entre inconscient et parole —, la poésie. Quand les mots du poème semblent échapper à leur sens pour déjà n'exister plus que pour de grands vents qui bougent dans un en-avant de l'esprit dont on entend presque le bruit qui décroît ou s'enfle.

VI

Branches de l'écriture, de biais dans la masse des mots du bas vers le haut de la page. Et il y en a de plus grosses que d'autres, et bien noueuses, il y en a de souples et agitées.

342

Il y a des feuillages de mots écrits où l'on aperçoit de grands fruits en paix, dans la rumeur des abeilles.

La beauté de l'instant de la foudre est son silence. Le bruit qui vient plus tard n'est que l'approbation de l'espace.

## VII

On me demande parfois ce que je nomme présence. Je répondrai : c'est comme si rien de ce que nous rencontrons, dans cet instant qui a profondeur, n'était laissé au-dehors de l'attention de nos sens.

Cet arbre : j'en verrais non seulement ces aspects qui se portent au premier plan parce qu'ils me disent que c'est un chêne, non seulement cette forme de ses branches, de sa couronne qui en institue la beauté, non seulement le bouillonnement, à des nœuds dans le bois, des forces qui l'animent, qui le tourmentent ; mais que ce rameau-ci a cette longueur, sur le ciel, auprès de cet autre qui est plus court ; et que sur le tronc il y a ce déchirement ici, dans l'écorce, et là cet autre ; et que là-haut ces oiseaux se posent, et qu'ici, près de moi, ces fourmis vont et viennent, dans leur silence. Je verrais, disons mieux : non une longueur dans la branche, mais que celle-ci se porte jusqu'en ce point et pas plus loin, dans l'espace. Un point qui vaut ainsi comme un absolu, dans l'abîme duquel le hasard se résorbe comme de l'eau dans le sable.

Je verrais, je ne saurais pas que je vois.

Je n'aurais en moi que le trait, parfois gros d'encre, parfois troué de lumière, de ces peintres, orientaux ou occidentaux, qui ont trempé leur pinceau, leur plume, dans la pluie qui ruisselle sur le rocher, dans le vent qui frappe le ciel.

Peignant alors, dessinant comme le ruissellement va droit, à la surface de cette pierre, puis tourne d'un seul coup, puis semble se reprendre puis tourne encore, puis s'élargit ; et c'est alors une flaque au-dessus de laquelle on se penche, mais nul visage n'y paraît plus.

# LES PLANCHES
# COURBES

LA PLUIE D'ÉTÉ

*La pluie d'été*

# LES RAINETTES, LE SOIR

## I

Rauques étaient les voix
Des rainettes le soir,
Là où l'eau du bassin, coulant sans bruit,
Brillait dans l'herbe.

Et rouge était le ciel
Dans les verres vides,
Tout un fleuve la lune
Sur la table terrestre.

Prenaient ou non nos mains,
La même abondance.
Ouverts ou clos nos yeux,
La même lumière.

## II

Ils s'attardaient, le soir,
Sur la terrasse
D'où partaient les chemins, de sable clair,
Du ciel sans nombre.

Et si nue devant eux
Était l'étoile,
Si proche était ce sein
Du besoin des lèvres

Qu'ils se persuadaient
Que mourir est simple,
Branche écartée pour l'or
De la figue mûre.

# UNE PIERRE

Matins que nous avions,
Je retirais les cendres, j'allais emplir
Le broc, je le posais sur le dallage,
Avec lui ruisselait dans toute la salle
L'odeur impénétrable de la menthe.

Ô souvenir,
Tes arbres sont en fleurs devant le ciel,
On peut croire qu'il neige,
Mais la foudre s'éloigne sur le chemin,
Le vent du soir répand son trop de graines.

# UNE PIERRE

Tout était pauvre, nu, transfigurable,
Nos meubles étaient simples comme des pierres,
Nous aimions que la fente dans le mur
Fût cet épi dont essaimaient des mondes.

Nuées, ce soir,
Les mêmes que toujours, comme la soif,
La même étoffe rouge, dégrafée.
Imagine, passant,
Nos recommencements, nos hâtes, nos confiances.

# LA PLUIE D'ÉTÉ

## I

Mais le plus cher mais non
Le moins cruel
De tous nos souvenirs, la pluie d'été
Soudaine, brève.

Nous allions, et c'était
Dans un autre monde,
Nos bouches s'enivraient
De l'odeur de l'herbe.

Terre,
L'étoffe de la pluie se plaquait sur toi.
C'était comme le sein
Qu'eût rêvé un peintre.

## II

Et tôt après le ciel
Nous consentait
Cet or que l'alchimie
Aura tant cherché.

Nous le touchions, brillant,
Sur les branches basses,
Nous en aimions le goût
D'eau, sur nos lèvres.

Et quand nous ramassions
Branches et feuilles chues,
Cette fumée le soir puis, brusque, ce feu,
C'était l'or encore.

# UNE PIERRE

Une hâte mystérieuse nous appelait.
Nous sommes entrés, nous avons ouvert
Les volets, nous avons reconnu la table, l'âtre,
Le lit ; l'étoile grandissait à la croisée,
Nous entendions la voix qui veut que l'on aime
Au plus haut de l'été
Comme jouent les dauphins dans leur eau sans rive.

Dormons, ne nous sachant. Sein contre sein,
Souffles mêlés, main dans la main sans rêves.

# UNE PIERRE

Nous nous étions fait don de l'innocence.
Elle a brûlé longtemps de rien que nos deux corps,
Et nos pas allaient nus dans l'herbe sans mémoire,
Nous étions l'illusion qu'on nomme souvenir.

Le feu naissant de soi, pourquoi vouloir
En rassembler les cendres désunies.
Au jour dit nous avons rendu ce que nous fûmes
À la flamme plus vaste du ciel du soir.

# LES CHEMINS

## I

Chemins, ô beaux enfants
Qui venaient vers nous,
L'un riant, les pieds nus
Dans les feuilles sèches.

Nous aimions sa façon
D'être en retard
Mais comme c'est permis
Quand le temps cesse,

Heureux d'entendre au loin
Sa syrinx simple
Vaincre, Marsyas enfant, le dieu
De rien que le nombre.

## II

Et vite il nous menait
Là où la nuit tombe,
Lui à deux pas devant
Nous, et se retournant,

Riant toujours, prenant
À des branches, faisant
Lumière de ces fruits
De menue présence.

Il allait, où n'est plus
Rien que l'on sache, mais,
Éprise de son chant, dansante, illuminée,
L'accompagnant l'abeille.

## III

Cérès aurait bien dû,
Suante, empoussiérée,
L'attendre, qui cherchait
Par toute la terre.

Elle eût reçu de lui
Repos, refuge,
Et ce qu'elle perdit,
Elle l'eût reconnu

Dans son demi-jour clair
Et, d'un cri, embrassé
Et riante emporté
Dans ses mains véhémentes,

Au lieu qu'encor, de nuit
Sous des arbres bruyants,
Elle s'arrête, frappe
À des portes closes.

# HIER, L'INACHEVABLE

Notre vie, ces chemins
Qui nous appellent
Dans la fraîcheur des prés
Où de l'eau brille.

Nous en voyons errer
Au faîte des arbres
Comme cherche le rêve, dans nos sommeils,
Son autre terre.

Ils vont, leurs mains sont pleines
D'une poussière d'or,
Ils entrouvrent leurs mains
Et la nuit tombe.

# UNE PIERRE

Nos ombres devant nous, sur le chemin,
Avaient couleur, par la grâce de l'herbe,
Elles eurent rebond, contre des pierres.

Et des ombres d'oiseaux les effleuraient
En criant, ou bien s'attardaient, là où nos fronts
Se penchaient l'un vers l'autre, se touchant presque
Du fait de mots que nous voulions nous dire.

## UNE PIERRE

Plus de chemins pour nous, rien que l'herbe haute,
Plus de passage à gué, rien que la boue,
Plus de lit préparé, rien que l'étreinte
À travers nous des ombres et des pierres.

Mais claire cette nuit
Comme nous désirions que fût notre mort.
Elle blanchit les arbres, ils s'élargissent.
Leur feuillage : du sable, puis de l'écume.
Même au-delà du temps le jour se lève.

# QUE CE MONDE DEMEURE !

I

Je redresse une branche
Qui s'est rompue. Les feuilles
Sont lourdes d'eau et d'ombre
Comme ce ciel, d'encore

Avant le jour. Ô terre,
Signes désaccordés, chemins épars,
Mais beauté, absolue beauté,
Beauté de fleuve,

Que ce monde demeure,
Malgré la mort !
Serrée contre la branche
L'olive grise.

365

## II

Que ce monde demeure,
Que la feuille parfaite
Ourle à jamais dans l'arbre
L'imminence du fruit !

Que les huppes, le ciel
S'ouvrant, à l'aube,
S'envolent à jamais, de dessous le toit
De la grange vide,

Puis se posent, là-bas
Dans la légende,
Et tout est immobile
Une heure encore.

# III

Que ce monde demeure !
Que l'absence, le mot
Ne soient qu'un, à jamais,
Dans la chose simple.

L'un à l'autre ce qu'est
La couleur à l'ombre,
L'or du fruit mûr à l'or
De la feuille sèche.

Et ne se dissociant split up Is eperate
Qu'avec la mort
Comme brillance et eau quittent la main
Où fond la neige.

# IV

Oh, que tant d'évidence
Ne cesse pas
Comme s'éteint le ciel
Dans la flaque sèche,

Que ce monde demeure
Tel que ce soir,
Que d'autres que nous prennent
Au fruit sans fin,

Que ce monde demeure,
Qu'entre, à jamais,
La poussière brillante du soir d'été
Dans la salle vide,

Et ruisselle à jamais
Sur le chemin
L'eau d'une heure de pluie
Dans la lumière.

V

Que ce monde demeure,
Que les mots ne soient pas
Un jour ces ossements
Gris, qu'auront becquetés,

Criant, se disputant,
Se dispersant,
Les oiseaux, notre nuit
Dans la lumière.

Que ce monde demeure
Comme cesse le temps
Quand on lave la plaie
De l'enfant qui pleure.

Et lorsque l'on revient
Dans la chambre sombre
On voit qu'il dort en paix,
Nuit, mais lumière.

# VI

Bois, disait celle qui
S'était penchée
Quand il pleurait, confiant,
Après sa chute.

Bois, et qu'ouvre ta main
Ma robe rouge,
Que consente ta bouche
À sa bonne fièvre.

De ton mal presque plus
Rien ne te brûle,
Bois de cette eau, qui est
L'esprit qui rêve.

## VII

Terre, qui vint à nous
Les yeux fermés
Comme pour demander
Qu'une main la guide.

Elle dirait : nos voix
Qui se prennent au rien
L'une de l'autre soient
Notre suffisance.

Nos corps tentent le gué *fced*
D'un temps plus large,
Nos mains ne sachent rien
De l'autre rive.

L'enfant naisse du rien
Du haut du fleuve
Et passe, dans le rien,
De barque en barque.

# VIII

Et encore : l'été
N'aura qu'une heure
Mais la nôtre soit vaste
Comme le fleuve.

Car c'est dans le désir
Et non le temps
Qu'a puissance l'oubli
Et que mort travaille,

Et vois, mon sein est nu
Dans la lumière
Dont les peintures sombres, indéchiffrées,
Passent rapides.

3-4 stanzas of 4 lines each -
↗ quatrains
More structure

Also free rhyming structure
Repetition

# UNE VOIX

## I

Tout cela, mon ami,
Vivre, qui noue
Hier, notre illusion,
À demain, nos ombres.

Tout cela, et qui fut
Si nôtre, mais
N'est que ce creux des mains
Où eau ne reste.

Tout cela ? Et le plus
Notre bonheur :
L'envol lourd de la huppe
Au creux des pierres.

## II

Et puisse être le ciel
Notre façon d'être,
Avec ombre et couleurs
Qui se déchirent

Mais dans la hâte même
De la nuée
Ont visage d'enfant
Qui vient de naître,

Foudre qui dort encore,
Les traits en paix,
Souriante comme avant
Qu'il y ait langage.

# UNE PIERRE

Ils ont vécu au temps où les mots furent pauvres,
Le sens ne vibrait plus dans les rythmes défaits,
La fumée foisonnait, enveloppant la flamme,
Ils craignaient que la joie ne les surprendrait plus.

Ils ont dormi. Ce fut par détresse du monde.
Passaient dans leur sommeil des souvenirs
Comme des barques dans la brume, qui accroissent
Leurs feux, avant de prendre le haut du fleuve.

Ils se sont éveillés. Mais l'herbe est déjà noire.
Les ombres soient leur pain et le vent leur eau.
Le silence, l'inconnaissance leur anneau,
Une brassée de nuit tout leur feu sur terre.

Je déplace du pied
Entre d'autres pierres
Cette large, qui couvre
Des vies, peut-être.

Et c'est vrai : de nombreuses
Sont là, qui courent
De toutes parts, aveugles
Par soudain trop de jour.

Mais vite les voici
Rédimées par l'herbe.
Je n'ai troublé qu'un peu
La vie sans mémoire.

Comme il fait beau, ce soir !
À peine si
Je sais, sur ce chemin,
Que j'existe encore.

Un même effacement,
Désirer, prendre,
Presque de même poids
Être, ne pas être.

Et aller, ce chemin
Ou bien cet autre,
Ainsi sans hâte va, s'évaporant,
La pluie dans l'herbe.

Odeurs, couleurs, saveurs,
Le même songe,
Colombes dans l'ailleurs
Du roucoulement.

# UNE PIERRE

Il se souvient
De quand deux mains terrestres attiraient
Sa tête, la pressaient
Sur des genoux de chaleur éternelle.

Étale le désir ces jours, parmi ses rêves,
Silencieux le peu de houle de sa vie,
Les doigts illuminés gardaient clos ses yeux.

Mais le soleil du soir, la barque des morts,
Touchait la vitre, et demandait rivage.

# UNE PIERRE

Les livres, ce qu'il déchira,
La page dévastée, mais la lumière
Sur la page, l'accroissement de la lumière,
Il comprit qu'il redevenait la page blanche.

Il sortit. La figure du monde, déchirée,
Lui parut d'une beauté autre, plus humaine.
La main du ciel cherchait sa main parmi des ombres,
La pierre, où vous voyez que son nom s'efface,
S'entrouvrait, se faisait une parole.

Passant, ce sont des mots. Mais plutôt que lire
Je veux que tu écoutes : cette frêle
Voix comme en ont les lettres que l'herbe mange.

Prête l'oreille, entends d'abord l'heureuse abeille
Butiner dans nos noms presque effacés.
Elle erre de l'un à l'autre des deux feuillages,
Portant le bruit des ramures réelles
À celles qui ajourent l'or invisible.

Puis sache un bruit plus faible encore, et que ce soit
Le murmure sans fin de toutes nos ombres.
Il monte, celui-ci, de sous les pierres
Pour ne faire qu'une chaleur avec l'aveugle
Lumière que tu es encore, ayant regard.

Simple te soit l'écoute ! Le silence
Est un seuil où, par voie de ce rameau

Qui casse imperceptiblement sous ta main qui cherche
À dégager un nom sur une pierre,

Nos noms absents désenchevêtrent tes alarmes,
Et pour toi qui t'éloignes, pensivement,
Ici devient là-bas sans cesser d'être.

Sur la pierre tachée
De mousses l'ombre
Bouge. On dirait de nymphes
Dansant ensemble.

Et qu'un peu de soleil
Passe, leur chevelure
Brille, ainsi ferait l'or
Dans le vase sombre.

La vie s'achèvera,
La vie demeure.
De même joue l'enfant
Parmi trop de rêves.

*La pluie sur le ravin*

# I

Il pleut, sur le ravin, sur le monde. Les huppes
Se sont posées sur notre grange, cimes
De colonnes errantes de fumée.
Aube, consens à nous aujourd'hui encore.

De la première guêpe
J'ai entendu l'éveil, déjà, dans la tiédeur
De la brume qui ferme le chemin
Où quelques flaques brillent. Dans sa paix
Elle cherche, invisible. Je pourrais croire
Que je suis là, que je l'écoute. Mais son bruit
Ne s'accroît qu'en image. Mais sous mes pas
Le chemin n'est plus le chemin, rien que mon rêve
De la guêpe, des huppes, de la brume.

J'aimais sortir à l'aube.
Le temps dormait
Dans les braises, le front contre la cendre.
Dans la chambre d'en haut respiraient en paix
Nos corps que découvrait la décrue des ombres.

## II

Pluie des matins d'été, inoubliable
Clapotement comme d'un premier froid
Sur la vitre du rêve ; et le dormeur
Se déprenait de soi et demandait
À mains nues dans ce bruit de la pluie sur le monde
L'autre corps, qui dormait encore, et sa chaleur.

(Bruit de l'eau sur le toit de tuiles, par rafales,
Avancée de la chambre par à-coups
Dans la houle, qui s'enfle, de la lumière.
L'orage
A envahi le ciel, l'éclair
S'est fait d'un grand cri bref,
Et les richesses de la foudre se répandent.)

## III

Je me lève, je vois
Que notre barque a tourné, cette nuit.
Le feu est presque éteint.
Le froid pousse le ciel d'un coup de rame.

Et la surface de l'eau n'est que lumière,
Mais au-dessous ? Troncs d'arbres sans couleur, rameaux
Enchevêtrés comme le rêve, pierres
Dont le courant rapide a clos les yeux
Et qui sourient dans l'étreinte du sable.

*À même rive*

I

Parfois prend le miroir
Entre ciel et chambre
Dans ses mains le minime
Soleil terrestre.

Et des choses, des noms
C'est comme si
Les voies, les espérances se rejoignaient
À même rive.

On se prend à rêver
Que les mots ne sont pas
À l'aval de ce fleuve, fleuve de paix,
Trop pour le monde,

Et que parler n'est pas
Trancher l'artère
De l'agneau qui, confiant,
Suit la parole.

## II

Rêver : que la beauté
Soit vérité, la même
Évidence, un enfant
Qui avance, étonné, sous une treille.

Il se dresse et, heureux
De tant de lumière,
Tend sa main pour saisir
La grappe rouge.

# III

Et plus tard on l'entend,
Seul dans sa voix
Comme s'il allait nu
Sur une plage

Et tenait un miroir
Où tout du ciel
Trouerait, à grands rayons, recolorerait
Tout de la terre.

Il s'arrête pourtant
Ici ou là,
Son pied pousse, distrait,
L'eau dans le sable.

# LA VOIX LOINTAINE

# I

Je l'écoutais, puis j'ai craint de ne plus
L'entendre, qui me parle ou qui se parle.
Voix lointaine, un enfant qui joue sur la route,
Mais la nuit est tombée, quelqu'un appelle

Là où la lampe brille, où la porte grince
En s'ouvrant davantage ; et ce rayon
Recolore le sable où dansait une ombre,
Rentre, chuchote-t-on, rentre, il est tard.

(Rentre, a-t-on chuchoté, et je n'ai su
Qui appelait ainsi, du fond des âges,
Quelle marâtre, sans mémoire ni visage,
Quel mal souffert avant même de naître.)

## II

Ou bien je l'entendais dans une autre salle.
Je ne savais rien d'elle sinon l'enfance.
Des années ont passé, c'est presque une vie
Qu'aura duré ce chant, mon bien unique.

Elle chantait, si c'est chanter, mais non,
C'était plutôt entre voix et langage
Une façon de laisser la parole
Errer, comme à l'avant incertain de soi,

Et parfois ce n'étaient pas même des mots,
Rien que le son dont des mots veulent naître,
Le son d'autant d'ombre que de lumière,
Ni déjà la musique ni plus le bruit.

# III

Et je l'aimais comme j'aime ce son
Au creux duquel rajeunirait le monde,
Ce son qui réunit quand les mots divisent,
Ce beau commencement quand tout finit.

Syllabe brève puis syllabe longue,
Hésitation de l'iambe, qui voudrait
Franchir le pas du souffle qui espère
Et accéder à ce qui signifie.

Telle cette lumière dans l'esprit
Qui brille quand on quitte, de nuit, sa chambre,
Une lampe cachée contre son cœur,
Pour retrouver une autre ombre dansante.

IV


Et la vie a passé, mais te garda
Vive mon illusion, de ces mains savantes
Qui trient parmi les souvenirs, qui en recousent
Presque invisiblement les déchirures.

Sauf : que faire de ce lambeau d'étoffe rouge ?
On le trouve dans sa mémoire quand on déplace
Les années, les images ; et, brusques, des larmes
Montent, et l'on se tait dans ses mots d'autrefois.

Parler, presque chanter, avoir rêvé
De plus même que la musique, puis se taire
Comme l'enfant qu'envahit le chagrin
Et qui se mord la lèvre, et se détourne.

# V

Elle chantait, mais comme se parlant :
Qui a tiré sa barque sur la rive,
Qui a posé sa rame sur le sable,
Qui est passé, que nous ne savons pas ?

Qui d'un pied nu aura laissé l'empreinte,
Qui a rendu iridescente l'eau,
Qui préserva la braise sous la cendre,
Qui dessina ce visage d'enfant ?

C'était un chant de rien que quelques notes,
Qui a voulu le chant dans la parole ?
— Nul n'a voulu, nul n'est venu ni parle,
Nul n'est passé, que nous ne sûmes pas.

# VI

Et nul n'a bu au verre que je pose
Ni pris du fruit qui était devant moi,
Un peu de vent fait remuer la poussière
D'herbes sèches, de graines, sur le chemin.

L'été : un éblouissement comme est la neige,
Celle qui vient légère et ne dure pas,
Et rien de nous n'en trouble la lumière
D'eau qui s'est condensée puis s'évapore.

D'où la sérénité, même l'allégresse
De ces instants qui savent que n'est rien.
Flocon la main qui avait pris le verre,
Autres flocons l'été, le ciel, les souvenirs.

## VII

Ne cesse pas, voix dansante, parole
De toujours murmurée, âme des mots
Qui et colore et dissipe les choses
Les soirs d'été où il n'est plus de nuit.

Voix qui porte de l'être dans l'apparence,
Qui les mêle comme flocons de même neige,
Voix qui presque s'est tue, lorsque le rêve
Demanda trop et crut presque obtenir.

Et qui jouera à clore nos paupières
En se pressant riante contre nous,
Puis nous verrons ces signes sur le sable
Qu'égratigna en dansant son pied nu.

## VIII

Ne cesse pas, voix proche, il fait jour encore,
Si belle est même la lumière, comme jamais.
Reviens dehors, petite vie dansante. Si le désir
De danser, même seule, t'enveloppe,

Vois, tu as sur le sable assez de lumière
Pour jouer avec l'ombre de ton corps
Et même, sans plus craindre, offrir tes mains
Au rire qui s'enténèbre dans les arbres.

Ô musique, ô rumeur de tant d'autres mondes,
N'est-ce pas là ce que tu désirais
Le soir qu'Amour te fit, comme il fut dit,
Le cœur serré dans la salle descendre ?

# IX

Elle chantait : « Je suis, je ne suis pas,
Je tiens la main d'une autre que je suis,
Je danse parmi mes ombres, l'une se tourne
Vers moi, elle est riante, elle est sans visage.

Je danse avec mes ombres sur le chemin,
Je ne trouve qu'en elles ma joie d'être,
Je sais pourtant qu'avant l'aube le fer
Déchirera l'étoffe de la danse.

Et je me tourne alors vers cette plus gauche,
Cette plus hésitante et comme étonnée
Qui se tient en retrait, dans la musique :
Vois, ce n'est que pour toi que je ris et danse. »

X

Et ombre elle était bien, une fantasque
Découpe du langage sur le ciel,
Ainsi nuées et arbres quand ils mêlent
Leurs fumées dans l'eau calme, et c'est le soir.

Ombre mais le seul bien qui soit au monde
Puisqu'elle puise à toute chose simple
L'eau qui déborde, avec l'odeur des feuilles,
Du broc posé sur les dalles sonores.

XI

Elle chantait, et j'ai eu dans ses mots
De quoi presque finir ma longue guerre
Quand je venais près d'elle, je touchais
Ses mains, je regardais ses doigts défaire

Ce fil qui a ses nœuds dans l'invisible.
Était-elle dehors à jouer, une simple
Servante enfant qui a charge du monde ?
Était-elle la Parque, qui aurait moins

À mettre à mort qu'à mener sous des arbres
Où, souriante à qui serait près d'elle :
« Écoute, dirait-elle, les mots se taisent,
Leur son n'est plus qu'un bruit, et le bruit cesse » ?

DANS LE LEURRE DES MOTS

I

C'est le sommeil d'été cette année encore,
L'or que nous demandons, du fond de nos voix,
À la transmutation des métaux du rêve.
La grappe des montagnes, des choses proches,
A mûri, elle est presque le vin, la terre
Est le sein nu où notre vie repose
Et des souffles nous environnent, nous accueillent.
Telle la nuit d'été, qui n'a pas de rives,
De branche en branche passe le feu léger.
Mon amie, c'est là nouveau ciel, nouvelle terre,
Une fumée rencontre une fumée
Au-dessus de la disjonction des deux bras du fleuve.

Et le rossignol chante une fois encore
Avant que notre rêve ne nous prenne,
Il a chanté quand s'endormait Ulysse
Dans l'île où faisait halte son errance,
Et l'arrivant aussi consentit au rêve,
Ce fut comme un frisson de sa mémoire
Par tout son bras d'existence sur terre
Qu'il avait replié sous sa tête lasse.

Je pense qu'il respira d'un souffle égal
Sur la couche de son plaisir puis du repos,
Mais Vénus dans le ciel, la première étoile,
Tournait déjà sa proue, bien qu'hésitante,
Vers le haut de la mer, sous des nuées,
Puis dérivait, barque dont le rameur
Eût oublié, les yeux à d'autres lumières,
De replonger sa rame dans la nuit.

Et par la grâce de ce songe que vit-il ?
Fut-ce la ligne basse d'un rivage
Où seraient claires des ombres, claire leur nuit
À cause d'autres feux que ceux qui brûlent
Dans les brumes de nos demandes, successives
Pendant notre avancée dans le sommeil ?
Nous sommes des navires lourds de nous-mêmes,
Débordants de choses fermées, nous regardons
À la proue de notre périple toute une eau noire
S'ouvrir presque et se refuser, à jamais sans rive.
Lui cependant, dans les plis du chant triste
Du rossignol de l'île de hasard,
Pensait déjà à reprendre sa rame
Un soir, quand blanchirait à nouveau l'écume,
Pour oublier peut-être toutes les îles
Sur une mer où grandit une étoile.

Aller ainsi, avec le même orient
Au-delà des images qui chacune
Nous laissent à la fièvre de désirer,
Aller confiants, nous perdre, nous reconnaître
À travers la beauté des souvenirs
Et le mensonge des souvenirs, à travers l'affre

De quelques-uns, mais aussi le bonheur
D'autres, dont le feu court dans le passé en cendres,
Nuée rouge debout au brisant des plages,
Ou délice des fruits que l'on n'a plus.
Aller, par au-delà presque le langage,
Avec rien qu'un peu de lumière, est-ce possible
Ou n'est-ce pas que l'illusoire encore,
Dont nous redessinons sous d'autres traits
Mais irisés du même éclat trompeur
La forme dans les ombres qui se resserrent ?
Partout en nous rien que l'humble mensonge
Des mots qui offrent plus que ce qui est
Ou disent autre chose que ce qui est,
Les soirs non tant de la beauté qui tarde
À quitter une terre qu'elle a aimée,
La façonnant de ses mains de lumière,
Que de la masse d'eau qui de nuit en nuit
Dévale avec grand bruit dans notre avenir.

Nous mettons nos pieds nus dans l'eau du rêve,
Elle est tiède, on ne sait si c'est de l'éveil
Ou si la foudre lente et calme du sommeil
Trace déjà ses signes dans des branches
Qu'une inquiétude agite, puis c'est trop sombres
Pour qu'on y reconnaisse des figures
Que ces arbres s'écartent, devant nos pas.
Nous avançons, l'eau monte à nos chevilles,
Ô rêve de la nuit, prends celui du jour
Dans tes deux mains aimantes, tourne vers toi
Son front, ses yeux, obtiens avec douceur
Que son regard se fonde au tien, plus sage,
Pour un savoir que ne déchire plus

La querelle du monde et de l'espérance,
Et qu'unité prenne et garde la vie
Dans la quiétude de l'écume, où se reflète,
Soit beauté, à nouveau, soit vérité, les mêmes
Étoiles qui s'accroissent dans le sommeil.

Beauté, suffisante beauté, beauté ultime
Des étoiles sans signifiance, sans mouvement.
À la poupe est le nautonier, plus grand que le monde,
Plus noir, mais d'une matité phosphorescente.
Le léger bruit de l'eau à peine troublée,
C'est, bientôt, le silence. Et on ne sait encore
Si c'est rive nouvelle, ou le même monde
Que dans les plis fiévreux du lit terrestre,
Ce sable qu'on entend qui crisse sous la proue.
On ne sait si on touche à une autre terre,
On ne sait si des mains ne se tendent pas
Du sein de l'inconnu accueillant pour prendre
La corde que nous jetons, de notre nuit.

Et demain, à l'éveil,
Peut-être que nos vies seront plus confiantes
Où des voix et des ombres s'attarderont,
Mais détournées, calmes, inattentives,
Sans guerre, sans reproche, cependant
Que l'enfant près de nous, sur le chemin,
Secouera en riant sa tête immense,
Nous regardant avec la gaucherie
De l'esprit qui reprend à son origine
Sa tâche de lumière dans l'énigme.

Il sait encore rire,
Il a pris dans le ciel une grappe trop lourde,
Nous le voyons l'emporter dans la nuit.
Le vendangeur, celui qui peut-être cueille
D'autres grappes là-haut dans l'avenir,
Le regarde passer, bien que sans visage.
Confions-le à la bienveillance du soir d'été,
Endormons-nous…

                  … La voix que j'écoute se perd,
Le bruit de fond qui est dans la nuit la recouvre.
Les planches de l'avant de la barque, courbées
Pour donner forme à l'esprit sous le poids
De l'inconnu, de l'impensable, se desserrent.
Que me disent ces craquements, qui désagrègent
Les pensées ajointées par l'espérance ?
Mais le sommeil se fait indifférence.
Ses lumières, ses ombres : plus rien qu'une
Vague qui se rabat sur le désir.

## II

Et je pourrais
Tout à l'heure, au sursaut du réveil brusque,
Dire ou tenter de dire le tumulte
Des griffes et des rires qui se heurtent
Avec l'avidité sans joie des vies primaires
Au rebord disloqué de la parole.
Je pourrais m'écrier que partout sur terre
Injustice et malheur ravagent le sens
Que l'esprit a rêvé de donner au monde,
En somme, me souvenir de ce qui est,
N'être que la lucidité qui désespère
Et, bien que soit retorse
Aux branches du jardin d'Armide la chimère
Qui leurre autant la raison que le rêve,
Abandonner les mots à qui rature,
Prose, par évidence de la matière,
L'offre de la beauté dans la vérité.

Mais il me semble aussi que n'est réelle
Que la voix qui espère, serait-elle
Inconsciente des lois qui la dénient.

Réel, seul, le frémissement de la main qui touche
La promesse d'une autre, réelles, seules,
Ces barrières qu'on pousse dans la pénombre,
Le soir venant, d'un chemin de retour.
Je sais tout ce qu'il faut rayer du livre,
Un mot pourtant reste à brûler mes lèvres.

Ô poésie,
Je ne puis m'empêcher de te nommer
Par ton nom que l'on n'aime plus parmi ceux qui errent
Aujourd'hui dans les ruines de la parole.
Je prends le risque de m'adresser à toi, directement,
Comme dans l'éloquence des époques
Où l'on plaçait, la veille des jours de fête,
Au plus haut des colonnes des grandes salles,
Des guirlandes de feuilles et de fruits.

Je le fais, confiant que la mémoire,
Enseignant ses mots simples à ceux qui cherchent
À faire être le sens malgré l'énigme,
Leur fera déchiffrer, sur ses grandes pages
Ton nom un et multiple, où brûleront
En silence, un feu clair,
Les sarments de leurs doutes et de leurs peurs.
« Regardez, dira-t-elle, dans le seul livre
Qui s'écrive à travers les siècles, voyez croître
Les signes dans les images. Et les montagnes
Bleuir au loin, pour vous être une terre.
Écoutez la musique qui élucide
De sa flûte savante au faîte des choses
Le son de la couleur dans ce qui est. »

Ô poésie,
Je sais qu'on te méprise et te dénie,
Qu'on t'estime un théâtre, voire un mensonge,
Qu'on t'accable des fautes du langage,
Qu'on dit mauvaise l'eau que tu apportes
À ceux qui tout de même désirent boire
Et déçus se détournent, vers la mort.

Et c'est vrai que la nuit enfle les mots,
Des vents tournent leurs pages, des feux rabattent
Leurs bêtes effrayées jusque sous nos pas.
Avons-nous cru que nous mènerait loin
Le chemin qui se perd dans l'évidence,
Non, les images se heurtent à l'eau qui monte,
Leur syntaxe est incohérence, de la cendre,
Et bientôt même il n'y a plus d'images,
Plus de livre, plus de grand corps chaleureux du monde
À étreindre des bras de notre désir.

Mais je sais tout autant qu'il n'est d'autre étoile
À bouger, mystérieusement, auguralement,
Dans le ciel illusoire des astres fixes,
Que ta barque toujours obscure, mais où des ombres
Se groupent à l'avant, et même chantent
Comme autrefois les arrivants, quand grandissait
Devant eux, à la fin du long voyage,
La terre dans l'écume, et brillait le phare.

Et si demeure
Autre chose qu'un vent, un récif, une mer,
Je sais que tu seras, même de nuit,

L'ancre jetée, les pas titubants sur le sable,
Et le bois qu'on rassemble, et l'étincelle
Sous les branches mouillées, et, dans l'inquiète
Attente de la flamme qui hésite,
La première parole après le long silence,
Le premier feu à prendre au bas du monde mort.

*stumble*

*for 1st time?*

*barque runs through many poems*
*+*
*LPC*

# LA MAISON NATALE

# I

Je m'éveillai, c'était la maison natale,
L'écume s'abattait sur le rocher,
Pas un oiseau, le vent seul à ouvrir et fermer la vague,
L'odeur de l'horizon de toutes parts,
Cendre, comme si les collines cachaient un feu
Qui ailleurs consumait un univers.
Je passai dans la véranda, la table était mise,
L'eau frappait les pieds de la table, le buffet.
Il fallait qu'elle entrât pourtant, la sans-visage
Que je savais qui secouait la porte
Du couloir, du côté de l'escalier sombre, mais en vain,
Si haute était déjà l'eau dans la salle.
Je tournais la poignée, qui résistait,
J'entendais presque les rumeurs de l'autre rive,
Ces rires des enfants dans l'herbe haute,
Ces jeux des autres, à jamais les autres, dans leur joie.

## II

Je m'éveillai, c'était la maison natale.
Il pleuvait doucement dans toutes les salles,
J'allais d'une à une autre, regardant
L'eau qui étincelait sur les miroirs
Amoncelés partout, certains brisés ou même
Poussés entre des meubles et les murs.
C'était de ces reflets que, parfois, un visage
Se dégageait, riant, d'une douceur
De plus et autrement que ce qu'est le monde.
Et je touchais, hésitant, dans l'image,
Les mèches désordonnées de la déesse,
Je découvrais sous le voile de l'eau
Son front triste et distrait de petite fille.
Étonnement entre être et ne pas être,
Main qui hésite à toucher la buée,
Puis j'écoutais le rire s'éloigner
Dans les couloirs de la maison déserte.
Ici rien qu'à jamais le bien du rêve,
La main tendue qui ne traverse pas
L'eau rapide, où s'efface le souvenir.

## III

Je m'éveillai, c'était la maison natale,
Il faisait nuit, des arbres se pressaient
De toutes parts autour de notre porte,
J'étais seul sur le seuil dans le vent froid,
Mais non, nullement seul, car deux grands êtres
Se parlaient au-dessus de moi, à travers moi.
L'un, derrière, une vieille femme, courbe, mauvaise,
L'autre debout dehors comme une lampe,
Belle, tenant la coupe qu'on lui offrait,
Buvant avidement de toute sa soif.
Ai-je voulu me moquer, certes non.
Plutôt ai-je poussé un cri d'amour
Mais avec la bizarrerie du désespoir,
Et le poison fut partout dans mes membres,
Cérès moquée brisa qui l'avait aimée.
Ainsi parle aujourd'hui la vie murée dans la vie.

# IV


Une autre fois.
Il faisait nuit encore. De l'eau glissait
Silencieusement sur le sol noir,
Et je savais que je n'aurais pour tâche
Que de me souvenir, et je riais,
Je me penchais, je prenais dans la boue
Une brassée de branches et de feuilles,
J'en soulevais la masse, qui ruisselait
Dans mes bras resserrés contre mon cœur.
Que faire de ce bois où de tant d'absence
Montait pourtant le bruit de la couleur,
Peu importe, j'allais en hâte, à la recherche
D'au moins quelque hangar, sous cette charge
De branches qui avaient de toute part
Des angles, des élancements, des pointes, des cris

Et des voix, qui jetaient des ombres sur la route,
Ou m'appelaient, et je me retournais,
Le cœur précipité, sur la route vide.

V

Or, dans le même rêve
Je suis couché au plus creux d'une barque,
Le front, les yeux contre ses planches courbes
Où j'écoute cogner le bas du fleuve.
Et tout d'un coup cette proue se soulève,
J'imagine que là, déjà, c'est l'estuaire,
Mais je garde mes yeux contre le bois
Qui a odeur de goudron et de colle.
Trop vastes les images, trop lumineuses,
Que j'ai accumulées dans mon sommeil,
Pourquoi revoir, dehors,
Les choses dont les mots me parlent, mais sans convaincre,
Je désire plus haute ou moins sombre rive.

Et pourtant je renonce à ce sol qui bouge
Sous le corps qui se cherche, je me lève,
Je vais dans la maison de pièce en pièce,
Il y en a maintenant d'innombrables,
J'entends crier des voix derrière des portes,
Je suis saisi par ces douleurs qui cognent
Aux chambranles qui se délabrent, je me hâte,

Trop lourde m'est la nuit qui dure, j'entre effrayé
Dans une salle encombrée de pupitres,
Vois, me dit-on, ce fut ta salle de classe
Vois sur les murs tes premières images,
Vois, c'est l'arbre, vois, là, c'est le chien qui jappe,
Et cette carte de géographie, sur la paroi
Jaune, ce décolorement des noms et des formes,
Ce dessaisissement des montagnes, des fleuves,
Par la blancheur qui transit le langage,
Vois, ce fut ton seul livre. L'Isis du plâtre
Du mur de cette salle, qui s'écaille,
N'a jamais eu, elle n'aura rien d'autre
À entrouvrir pour toi, refermer sur toi.

# VI

Je m'éveillai, mais c'était en voyage,
Le train avait roulé toute la nuit,
Il allait maintenant vers de grands nuages
Debout là-bas, serrés, aube que déchirait
À des instants le lacet de la foudre.
Je regardais l'avènement du monde
Dans les buissons du remblai ; et soudain
Cet autre feu, en contrebas d'un champ
De pierres et de vignes. Le vent, la pluie
Rabattaient sa fumée contre le sol,
Mais une flamme rouge s'y redressait,
Prenant à pleines mains le bas du ciel.
Depuis quand brûlais-tu, feu des vignerons ?
Qui t'avait voulu là et pour qui sur terre ?

Après quoi il fit jour ; et le soleil
Jeta de toutes parts ses milliers de flèches
Dans le compartiment où des dormeurs
La tête dodelinait encore, sur la dentelle

Des coussins de lainage bleu. Je ne dormais pas,
J'avais trop l'âge encore de l'espérance,
Je dédiais mes mots aux montagnes basses
Que je voyais venir à travers les vitres.

*not a poetry about taking flight - trying to get to grips with the Real.*

*Father*

## VII

Je me souviens, c'était un matin, l'été,
La fenêtre était entrouverte, je m'approchais,
J'apercevais mon père au fond du jardin.
Il était immobile, il regardait
Où, quoi, je ne savais, au-dehors de tout,  *bent over but ↑ looking up*
Voûté comme il était déjà mais redressant
Son regard vers l'inaccompli ou l'impossible.
Il avait déposé la pioche, la bêche,
L'air était frais ce matin-là du monde,
Mais impénétrable est la fraîcheur même, et cruel
Le souvenir des matins de l'enfance.
Qui était-il, qui avait-il été dans la lumière,
Je ne le savais pas, je ne sais encore.  *→ pluperfect*
*what he was / what he had been.*

Mais je le vois aussi, sur le boulevard,
Avançant lentement, tant de fatigue  *> slow down reader -*
Alourdissant ses gestes d'autrefois.
Il repartait au travail, quant à moi
J'errais avec quelques-uns de ma classe
Au début de l'après-midi sans durée encore.  *- Fleeting, impressions.*
À ce passage-là, aperçu de loin,
Soient dédiés les mots qui ne savent dire.

*memory*

*transcient / temporary*

431

[age]

(Dans la salle à manger
De l'après-midi d'un dimanche, c'est en été,
Les volets sont fermés contre la chaleur,
La table débarrassée, il a proposé
Les cartes puisqu'il n'est pas d'autres images
Dans la maison natale pour recevoir
La demande du rêve, mais il sort
Et aussitôt l'enfant maladroit prend les cartes,
Il substitue à celles de l'autre jeu
Toutes les cartes gagnantes, puis il attend
Avec fièvre que la partie reprenne, et que celui
Qui perdait gagne, et si glorieusement
Qu'il y voie comme un signe, et de quoi nourrir
Il ne sait, lui l'enfant, quelle espérance.
Après quoi deux voies se séparent, et l'une d'elles
Se perd, et presque tout de suite, et ce sera
Tout de même l'oubli, l'oubli avide.

J'aurai barré
Cent fois ces mots partout, en vers, en prose,
Mais je ne puis
Faire qu'ils ne remontent dans ma parole.)

*[handwritten annotations:]*
*decam* (next to "La demande du rêve, mais il sort")
*clumsy, goes against reason* (next to "Et aussitôt l'enfant maladroit prend les cartes,")
*symbol* *act* *of* *hope* (next to lines "Toutes les cartes gagnantes..." through "Il ne sait, lui l'enfant, quelle espérance.")
*→ cross out* (next to "J'aurai barré")

I will have (Futur Antérieur)
↓
links future + Past

11

# VIII

J'ouvre les yeux, c'est bien la maison natale,
Et même celle qui fut et rien de plus.
La même petite salle à manger dont la fenêtre
Donne sur un pêcher qui ne grandit pas.
Un homme et une femme se sont assis
Devant cette croisée, l'un face à l'autre,
Ils se parlent, pour une fois. L'enfant
Du fond de ce jardin les voit, les regarde,
Il sait que l'on peut naître de ces mots.
Derrière les parents la salle est sombre.
L'homme vient de rentrer du travail. La fatigue
Qui a été le seul nimbe des gestes
Qu'il fut donné à son fils d'entrevoir
Le détache déjà de cette rive.

# IX

Et alors un jour vint
Où j'entendis ce vers extraordinaire de Keats,
L'évocation de Ruth « when, sick for home,
She stood in tears amid the alien corn ».

Or, de ces mots
Je n'avais pas à pénétrer le sens
Car il était en moi depuis l'enfance,
Je n'ai eu qu'à le reconnaître, et à l'aimer
Quand il est revenu du fond de ma vie.

Qu'avais-je eu, en effet, à recueillir
De l'évasive présence maternelle
Sinon le sentiment de l'exil et les larmes
Qui troublaient ce regard cherchant à voir
Dans les choses d'ici le lieu perdu ?

## X

La vie, alors ; et ce fut à nouveau
Une maison natale. Autour de nous
Le grenier d'au-dessus l'église défaite,
Le jeu d'ombres léger des nuées de l'aube,
Et en nous cette odeur de la paille sèche
Restée à nous attendre, nous semblait-il,
Depuis le dernier sac monté, de blé ou seigle,
Dans l'autrefois sans fin de la lumière
Des étés tamisés par les tuiles chaudes.
Je pressentais que le jour allait poindre,
Je m'éveillais, et je me tourne encore
Vers celle qui rêva à côté de moi
Dans la maison perdue. À son silence
Soient dédiés, au soir,
Les mots qui semblent ne parler que d'autre chose.

(Je m'éveillais,
J'aimais ces jours que nous avions, jours préservés
Comme va lentement un fleuve, bien que déjà
Pris dans le bruit de voûtes de la mer.
Ils avançaient, avec la majesté des choses simples.

Les grandes voiles de ce qui est voulaient bien prendre
L'humaine vie précaire sur le navire
Qu'étendait la montagne autour de nous.
Ô souvenir,
Elles couvraient des claquements de leur silence
Le bruit, d'eau sur les pierres, de nos voix,
Et en avant ce serait bien la mort,
Mais de cette couleur laiteuse du bout des plages
Le soir, quand les enfants
Ont pied, loin, et rient dans l'eau calme, et jouent encore.)

## XI

Et je repars, et c'est sur un chemin
Qui monte et tourne, bruyères, dunes
Au-dessus d'un bruit encore invisible, avec parfois
Le bien furtif du chardon bleu des sables.
Ici, le temps se creuse, c'est déjà
L'eau éternelle à bouger dans l'écume,
Je suis bientôt à deux pas du rivage.

Et je vois qu'un navire attend au large,
Noir, tel un candélabre à nombre de branches
Qu'enveloppent des flammes et des fumées.
Qu'allons-nous faire ? crie-t-on de toutes parts,
Ne faut-il pas aider ceux qui là-bas
Nous demandent rivage ? Oui, clame l'ombre,
Et je vois des nageurs qui, dans la nuit,
Se portent vers le navire, soutenant
D'une main au-dessus de l'eau agitée
Des lampes, aux longues banderoles de couleur.
La beauté même, en son lieu de naissance,
Quand elle n'est encore que vérité.

## XII

Beauté et vérité, mais ces hautes vagues
Sur ces cris qui s'obstinent. Comment garder
Audible l'espérance dans le tumulte,
Comment faire pour que vieillir, ce soit renaître,
Pour que la maison s'ouvre, de l'intérieur,
Pour que ce ne soit pas que la mort qui pousse
Dehors celui qui demandait un lieu natal ?

Je comprends maintenant que ce fût Cérès
Qui me parut, de nuit, chercher refuge
Quand on frappait à la porte, et dehors,
C'était d'un coup sa beauté, sa lumière
Et son désir aussi, son besoin de boire
Avidement au bol de l'espérance
Parce qu'était perdu mais retrouvable
Peut-être, cet enfant qu'elle n'avait su,
Elle pourtant divine et riche de soi,
Soulever dans la flamme des jeunes blés
Pour qu'il ait rire, dans l'évidence qui fait vivre,
Avant la convoitise du dieu des morts.

Et pitié pour Cérès et non moquerie,
Rendez-vous à des carrefours dans la nuit profonde,
Cris d'appels au travers des mots, même sans réponse,
Parole même obscure mais qui puisse
Aimer enfin Cérès qui cherche et souffre.

# LES PLANCHES COURBES

L'homme était grand, très grand, qui se tenait sur la rive, près de la barque. La clarté de la lune était derrière lui, posée sur l'eau du fleuve. À un léger bruit l'enfant qui s'approchait, lui tout à fait silencieusement, comprenait que la barque bougeait, contre son appontement ou une pierre. Il tenait serrée dans sa main la petite pièce de cuivre.

« Bonjour, monsieur », dit-il d'une voix claire mais qui tremblait parce qu'il craignait d'attirer trop fort l'attention de l'homme, du géant, qui était là immobile. Mais le passeur, absent de soi comme il semblait l'être, l'avait déjà aperçu, sous les roseaux. « Bonjour, mon petit, répondit-il. Qui es-tu ?

— Oh, je ne sais pas, dit l'enfant.

— Comment, tu ne sais pas ! Est-ce que tu n'as pas de nom ? »

L'enfant essaya de comprendre ce que pouvait être un nom. « Je ne sais pas », dit-il à nouveau, assez vite.

« Tu ne sais pas ! Mais tu sais bien ce que tu entends quand on te fait signe, quand on t'appelle ?

— On ne m'appelle pas.

— On ne t'appelle pas quand il faut rentrer à la maison ? Quand tu as joué dehors et que c'est l'heure pour ton repas, pour dormir ? N'as-tu pas un père, une mère ? Où est ta maison, dis-moi. »

Et l'enfant de se demander maintenant ce que c'est qu'un père, une mère ; ou une maison.

« Un père, dit-il, qu'est-ce que c'est ? »

Le passeur s'assit sur une pierre, près de sa barque. Sa voix vint de moins loin dans la nuit. Mais il avait eu d'abord une sorte de petit rire.

« Un père ? Eh bien, celui qui te prend sur ses genoux quand tu pleures, et qui s'assied près de toi le soir lorsque tu as peur de t'endormir, pour te raconter une histoire. »

L'enfant ne répondit pas.

« Souvent on n'a pas eu de père, c'est vrai, reprit le géant comme après quelque réflexion. Mais alors il y a ces jeunes et douces femmes, dit-on, qui allument le feu, qui vous assoient près de lui, qui vous chantent une chanson. Et quand elles s'éloignent, c'est pour faire cuire des plats, on sent l'odeur de l'huile qui chauffe dans la marmite.

— Je ne me souviens pas de cela non plus », dit l'enfant de sa légère voix cristalline. Il s'était approché du passeur qui maintenant se taisait, il entendait sa respiration égale, lente. « Je dois passer le fleuve, dit-il. J'ai de quoi payer le passage. »

Le géant se pencha, le prit dans ses vastes mains, le plaça sur ses épaules, se redressa et descendit dans sa barque, qui céda un peu sous son poids. « Allons, dit-il. Tiens-toi bien fort à mon cou ! » D'une main, il retenait l'enfant par une jambe, de l'autre il planta la perche dans l'eau. L'enfant se cramponna à son cou d'un mouvement brusque, avec un soupir. Le passeur put prendre alors la perche à deux mains, il la retira de la boue, la barque quitta la rive, le bruit de l'eau s'élargit sous les reflets, dans les ombres.

Et un instant après un doigt toucha son oreille. « Écoute, dit l'enfant, veux-tu être mon père ? » Mais il s'interrompit aussitôt, la voix brisée par les larmes.

« Ton père ! Mais je ne suis que le passeur ! Je ne m'éloigne jamais d'un bord ou de l'autre du fleuve.

— Mais je resterais avec toi, au bord du fleuve.

— Pour être un père, il faut avoir une maison, ne comprends-tu pas ? Je n'ai pas de maison, je vis dans les joncs de la rive.

— Je resterais si volontiers auprès de toi sur la rive !

— Non, dit le passeur, ce n'est pas possible. Et vois, d'ailleurs ! »

Ce qu'il faut voir, c'est que la barque semble fléchir de plus en plus sous le poids de l'homme et de l'enfant, qui s'accroît à chaque seconde. Le passeur peine à la pousser en avant, l'eau arrive à hauteur du bord, elle le franchit, elle emplit la coque de ses courants, elle atteint le haut de ces grandes jambes qui sentent se dérober tout appui dans les planches courbes. L'esquif ne coule pas, cependant, c'est plutôt comme s'il se dissipait, dans la nuit, et l'homme nage, maintenant, le petit garçon toujours agrippé à son cou. « N'aie pas peur, dit-il, le fleuve n'est pas si large, nous arriverons bientôt.

— Oh, s'il te plaît, sois mon père ! Sois ma maison !

— Il faut oublier tout cela, répond le géant, à voix basse. Il faut oublier ces mots. Il faut oublier les mots. »

Il a repris dans sa main la petite jambe, qui est immense déjà, et de son bras libre il nage dans cet espace sans fin de courants qui s'entrechoquent, d'abîmes qui s'entrouvrent, d'étoiles.

# L'ENCORE AVEUGLE

*L'encore aveugle*

I

Les théologiens
De cet autre pays estiment
Que Dieu est, mais aveugle.
Qu'il cherche, en tâtonnant
Entre des murs trop proches, c'est le monde,
Le petit corps criant, se débattant,
Aux yeux encore fermés,
Qui lui donnera un regard
Si toutefois il peut
De ses mains maladroites, d'avant le temps,
En soulever les paupières.

L'idée, le rêve de Dieu,
Le rêve de ce fond de la nuit qu'ils nomment Dieu,
Ce serait, simplement,
Me disent-ils,
De devenir cette vie, appelé
Par ce qu'il imagine là, en avant,
Dans un regard. Le rêve, le désir
Qui naît de ces ravins, de ces blocs informes.
De ce bruit, très en profondeur, de source, Dieu,

C'est que ce quelque chose-là remonterait
Par le sang, par le cri, par tout le corps
Vers ce qu'il n'a pas encore,
Un visage, des yeux.
Non, Dieu ne cherche pas
L'adoration, le front courbé, l'esprit
Qui l'invoque, qui le questionne, pas même
Le cri de la révolte. Il cherche, simplement,
À voir, comme l'enfant voit, une pierre,
Un arbre, un fruit,
La treille sous le toit,
L'oiseau qui s'est posé sur la grappe mûre.

Dieu cherche, lui sans yeux,
À voir enfin la lumière.
Il prend, lui l'éternel,
Dans ses mains,
Le criant, le fugace
Puisqu'il n'est de regard que dans ce qui meurt.

Et ainsi recommence-t-il
Dans chaque vie
Et tant qu'elle peut voir, car la ténèbre
Vient tôt, son humble quête
De seulement l'apparence.
Elle est plus que lui, il le sait,
Lui qui est le dedans, lui qui recourbe
La chose sur sa forme, qui l'enténèbre,
Lui qui s'évase
Dans le vol des hirondelles, criantes
Dans le ciel bleu ; et même qui se déchire, qui se dilue
Dans la nuée ; mais toujours

Du dedans, de sous la figure, de sous la masse
Qui recouvre la masse, qui recouvre
Les failles et les blocs, à l'infini,
De ce que ces théologiens me disent Dieu.

(Lui qu'on entend
Dans le grincement de la barrière, le soir,
Sous le ciel qui est rouge et s'immobilise
Quand nous rentrons,
Et c'est là du dedans encore, dedans du bruit cette fois,
Et la nuit tombe,
Et qu'on retourne une pierre,
Voyez, me disent-ils,
L'agitation des fourmis hors du monde.)

## II

Dieu,
Ce que ces théologiens de là-bas appellent Dieu,
Cherche. Il sait qu'il n'a rien, me disent-ils,
Reconnaître, nommer, bâtir,
Il sait qu'il ne l'imagine pas même, n'y atteint pas.
Espérer,
Il sait que c'est plus que lui. Attendre,
Il sait que c'est plus que lui,
Apercevoir au loin, crier,
Se précipiter les bras ouverts, dans les larmes,
Il sait que c'est plus que lui.

Et parler,
Dire : « Allons, prends,
Regarde, ne pleure plus,
Va jouer »,
Il sait que c'est plus que lui.
Dire : « Bois »,
Se pencher sur l'enfant comme il le voudrait,
Mais autrement,
Avec des mains pour toucher les sanglots,

Avec rien que l'espoir et toute l'alarme,
Il sait que c'est plus que lui.

Dehors, pourtant,
Des voix. Dehors :
« Viens, il est tard,
Rejoins-moi. » Il écoute.
Mais il est ce que l'invisible, ce que la vie
Murent, dans les plus simples des mots.

Il sait qu'il aura beau
Prendre une main,
La main ne sera pas entre les siennes.

Dieu,
Ce qu'ils appellent Dieu, lui le sans nom,
Cherche. Ils l'entendent qui rôde
Dans le cri de l'oiseau blessé, dans le jappement
De la bête prise.

Et ces théologiens savent donc
Que Dieu s'approche d'eux,
Nuit et jour ; qu'il se glisse dans leurs prunelles
Quand ils ouvrent les yeux. Ils se convainquent
Qu'il veut leurs souvenirs,
Leur joie,
Qu'il veut les dépouiller de même leur mort.

Et toute leur pensée, toute leur vie,
C'est de le repousser, c'est de dire non
Aux mains immenses.
« Éloigne-toi, crient-ils,

Éloigne-toi dans les arbres,
Éloigne-toi dans le souffle du vent qui erre,
Éloigne-toi dans le bleu et dans l'ocre rouge,
Éloigne-toi dans la saveur des fruits,
Éloigne-toi
Dans même l'agneau tremblant du sacrifice. »

Et ils vont sous les arbres,
Ils agitent des banderoles de couleur.
« Allons, éloigne-toi, crient-ils,
Va, désespère,
Allons, lève-toi, pars,
Tu es la bête furtive au cœur maçonné de nuit.

Lâche la main que tu prends,
Elle a peur.

Trébuche, relève-toi,
Cours, enfant nu que l'on accable de pierres. »

*L'or sans visage*

# I

Et d'autres, d'autres encore. Ceux-ci me disent
Qu'ils savent,
Et c'est que Dieu déchire, c'est là le monde,
Les pages qu'il écrit. Que c'est sa haine
De son œuvre, de soi,
De même la beauté dans le ciel des mots,
Qui noircit de sa flamme
L'arbre de la parole humaine, qui espère.

Dieu est artiste,
Il n'a souci que de l'inaccessible,
Et il a les colères de l'artiste,
Il craint de ne produire que de l'image,
Il crie son impatience dans le tonnerre,
Il insulte ce que pourtant il aime, ne sachant
Prendre un visage entre ses mains qui tremblent.

Et ce que nous devons à Dieu, ajoutent-ils,
C'est de l'aider à détruire, en cessant
De désirer nous aussi, ou d'aimer.
C'est, en nous détournant, en nous taisant,

En recouvrant de cendres la lumière,
De faire que la terre, ce ne soit plus
Que le désordre des roches du fond des combes.
Dieu, ce ne soit
Que l'herbe qui est aveugle aux autres herbes
Sous l'averse qui tombe aveugle. Fassent nos cœurs
Qu'à la place de la parole il n'y ait plus,
Dans les flaques du temps incompréhensible,
Que la boue de cette matière qui rêva Dieu.

L'être : pas même la pierre, prétendent-ils,
Mais la cassure
Qui traverse la pierre, l'effritement
Des arêtes de la cassure, la couleur
Qui n'attend rien, qui ne signifie rien dans la lumière.

## II

Mais d'autres me confient
Que celui qu'ils rêvaient avait eu d'abord
Assez d'étonnement pour s'émouvoir
De, par exemple, un enfant
Qui s'était élancé dehors, un matin d'été.
Avec un cri de joie. Plus encore,
D'un qui s'était détourné pour cacher ses larmes.

Dieu désirait entendre, en ce premier rêve,
Ce qu'écoute le musicien, penché
Sur ses cordes vibrantes. Il s'étonnait
Du sculpteur, qui aspire,
Là où le sein se gonfle dans le marbre,
Où des lèvres s'entrouvrent,
À plus qu'à la beauté qui s'offre à lui.

Et ils m'assurent même qu'une fois,
Regardant s'évertuer un artisan
Sur un morceau de bois, pour y faire naître
L'image de son dieu, dont il voulait
Qu'elle tarît en lui l'angoisse d'être,

Il éprouva pour cette gaucherie
Un sentiment nouveau, il eut désir
De satisfaire ce désir, d'aller vers lui
Dans la matière où trébuchait l'espoir,
Et il s'alourdit, il se fit ce bois, s'incarna
Dans l'image naïve, il se confia
Au rêve de l'artiste.
Dans l'image il attend sa délivrance.

Dieu,
Ce que ceux-là nomment Dieu,
Attend. Il est ce qui végète dans l'image,
Enseveli encore. Et en somme, et pour la première fois,
Ce qui espère. Il entend
Ces bruits qui se rapprochent, qui s'éloignent.
Lourde est sur lui l'humble pensée humaine.
Lourd le poids du regard épris, des mains fiévreuses,
Lourd le dos souple de la jeune fille couchée,
Lourd le feu dans la chambre, qui brûle clair.

# III

Ils me parlent. Quelle étrange chose que leurs voix !
C'est errant au-dessus du sommet des arbres,
C'est rouge et triste comme le son du cor.
Je vais vers là où j'imagine qu'elles s'élèvent,
Je parviens quelquefois à des carrefours,
Deux, trois sentiers couverts de feuilles mortes,
Je m'engage sur l'un, où j'aperçois
Un enfant à genoux, qui joue à prendre
Dans ses mains des cailloux de plusieurs couleurs.
Il m'entend approcher
Et il lève ses yeux vers moi, mais se détourne.

Et quelle étrange chose que certains mots,
C'est sans bouche ni voix, c'est sans visage,
On les rencontre dans le noir, on leur prend la main,
On les guide mais il fait nuit partout sur terre.
C'est comme si les mots étaient un lépreux
Dont on entend de loin tinter la clochette.
Leur manteau est serré sur le corps du monde,
Mais il laisse filtrer de la lumière.

JETER DES PIERRES

# ROULER PLUS VITE

Pourquoi regardaient-ils l'horizon ? Pourquoi gardaient-ils les yeux constamment fixés sur ce point, là-bas ? Peut-être simplement parce qu'ils roulaient droit vers lui depuis bien longtemps sur cette route nocturne, dont chaque côté n'était qu'une étendue caillouteuse, parfois bosselée de collines basses, avec seulement de rares buissons sous le grand ciel, sans étoiles. Au loin, très loin, deux lignes indéfinies de montagnes. Quelque chose comme deux bras qui, largement ouverts autour d'eux, les appelaient à l'avant, là où semblait se jeter la route. Mais cela faisait tant d'heures maintenant que ce seuil se dérobait, s'effaçait, rejetant loin de l'asphalte nue les pentes imaginées, espérées ! Tant d'heures ! Alors que depuis si longtemps déjà la nuit aurait dû finir.

Ils regardaient l'horizon, le ras du ciel, ils se taisaient, ils ne pouvaient plus détacher leur pensée de ce point où la route perçait la masse noire, indécise.

Et voici qu'une rougeur y parut, soudain, un peu à gauche de l'en-avant de la route, là où tout de même, depuis un moment déjà, le sol se gonflait, à n'en pas douter, se hérissait de bosses et. qui sait, de creux, avec peut-être de l'eau. La rougeur s'accrut, elle élargit sa prise sur l'horizon, des taches de clarté intense, comme d'un feu, s'y firent jour, et le ciel autour d'eux en était déjà presque rose — eux, ils purent se regarder les uns et les autres, dans la voiture, il y avait de ce rose sur leur visage.

Mais la crête enflammée du soleil tardait à paraître. Et au bout de longues minutes la rougeur, qui n'augmentait plus, commença à plutôt décroître puis le fit avec évidence, la flamme qui y bougeait redevenant cendre pourpre, qui s'éteignit. La clarté disparut au ras de ces collines enchevêtrées entre le ciel et le monde. Et ce fut à nouveau la grande nuit d'avant, sans étoiles.

# ROULER PLUS LOIN

La route depuis un moment s'était faite elle-même caillouteuse. Puis de la roche avait commencé d'en boursoufler, d'en fendre le sol, ses affleurements ne cessaient plus de s'étendre, de grossir, il fallait que cahotât la voiture sur ces grosses veines qui se déchiraient en des points, répandant par des coulées de gravats rugueux ou de sable une autre sorte de noir, plus épais encore, que celui de la nuit qui régnait désormais sans fin concevable sur le monde. Avancer dans ces conditions, ah, que c'était difficile ! À des moments il fallait descendre du cabriolet — car maintenant la voiture était découverte, on y respirait librement l'air froid — pour le soulever d'un côté et lui permettre ainsi de côtoyer une de ces pierres à peine discernables dans l'ombre, et parfois bien plus larges et longues qu'on n'aurait cru. Et de plus en plus nous avions peur qu'il y eût bientôt au travers de notre chemin une roche encore plus large, qui barrerait le passage. Et qui sait si, alors, nous pourrions nous écarter de la chaussée par une des fondrières du bord pour retrouver plus loin la route qui au-delà allait droit (cela restait vraisemblable) ?

Rouler, pourtant, rouler puisque mystérieusement le moteur ne cessait pas de le consentir, avancer à tout prix, ne pas cesser d'avancer pendant ces grands remuements qui, nous n'osions pas trop le savoir, se faisaient aussi dans le ciel : montagnes, d'eau peut-être, qui s'effondraient, masses vaguement sphériques qui se heurtaient, se repoussaient, se cognaient à nouveau, et bourdonnaient ou tournaient à grands bruits d'abîmes puis se perdaient dans l'incréé, dans l'absence.

## JETER DES PIERRES

Et nous étions là, dans la nuit, à jeter des pierres. À les jeter le plus haut, le plus loin possible, dans ce bois devant nous qui si rapidement dévalait la pente que c'en était sous nos pieds comme déjà un ravin, avec le bruit de l'eau à ruisseler en contrebas sous les arbres.

Des pierres, de grosses pierres que nous dégagions des broussailles, difficilement mais en hâte. Des pierres grises, des pierres étincelantes dans le noir.

Nous les élevions à deux mains, au-dessus de nos têtes. Qu'elles étaient lourdes ainsi, plus hautes, plus grandes que tout au monde ! Comme nous les jetterions loin, là-bas, de l'autre côté sans nom, dans le gouffre où il n'y a plus ni haut ni bas ni bruit des eaux ni étoile. Et nous nous regardions en riant dans la clarté de la lune, qui surgissait de partout sous le couvert des nuages.

Mains déchirées bientôt, mains en sang. Mains qui écartaient des racines, fouillaient la terre, se resserraient sur la roche qui résistait à leur prise. Et le sang empourprait aussi nos visages, mais toujours nos yeux se levaient du sol dévasté vers d'autres yeux, et c'était encore ce rire.

DOSSIER

# NOTES SUR TROIS RECUEILS

LA VIE ERRANTE

« Lis le livre ! » a paru dans *Chercheurs de sagesse*, recueil d'essais publié en hommage à Jean Pépin par l'Institut d'études augustiniennes, à Paris, en 1992.

*La Vie errante* a été publiée par Maeght éditeur à Paris en 1992, avec dix-neuf lithographies de Miklos Bokor. « Tout un matin dans la ville » y a été ajouté ainsi que « Tout l'or du monde ». Ce dernier texte avait paru dans *Quatre pas dans l'intraduisible* (Paris, éditions F. B., 1991, avec quatre lithographies de Pierre Alechinsky).

*Les Raisins de Zeuxis, Encore les raisins de Zeuxis* et *Derniers raisins de Zeuxis*. Ces trois textes ont fait l'objet d'éditions bilingues (*The Grapes of Zeuxis, Once More the Grapes of Zeuxis, Last Grapes of Zeuxis*, traduction de Richard Stamelman) illustrées chacune de neuf eaux-fortes de George Nama, à Montauk, New York, Monument Press, 1987, 1990 et 1993.

« De vent et de fumée » a paru sous le titre *Une Hélène de vent et de fumée* aux éditions F. B. à Paris en 1990, avec trois gravures d'Eduardo Chillida.

« Deux musiciens, trois peut-être » : le texte qui porte ce titre a fait partie de l'hommage à André Frénaud de la revue *Obsidiane*, en 1993. « L'autoportrait de Zeuxis » et « Des mains qui prennent les siennes » modifient des pages parues dans *Quatre pas dans l'intraduisible*. « Trois souvenirs de voyage » est une nouvelle version de trois poèmes de *L'origine de la parole* (Montauk, Monument Press, 1979, avec des eaux-fortes de George Nama). « Deux phrases, d'autres encore » a paru sous une forme abrégée dans *La Dérobée*, n° 2, février 1993.

« Le canot de Samuel Beckett » est repris du cahier consacré à cet écrivain par *Europe* en juin 1993.

*Une autre époque de l'écriture :* « ce récit en rêve » a connu une première édition séparée au Mercure de France en 1988. Le texte en a été corrigé.

REMARQUES SUR LE DESSIN

« La Sente étroite vers tout », « Devant la Sainte-Victoire » et « Comme aller loin, dans les pierres » ont paru en édition à tirage limité, avec sept lithographies originales d'Henri Cartier-Bresson à Crest, aux éditions La Sétérée, Jacques Clerc, en mars 1992, sous le titre *Comme aller loin, dans les pierres*.

Une première version de « L'arbre, le signe, la foudre » a paru sous le même titre à Brax aux Cahiers de l'Atelier, avec deux dessins originaux et des sérigraphies d'Alexandre Hollan, en mars 1993.

LES PLANCHES COURBES

Deux poèmes de « Jeter des pierres » ont fait l'objet d'une première publication sous le titre *Plus loin, plus vite*, avec des eaux-fortes originales de Mehdi Qotbi, aux Éditions Robert et Lydie Dutrout, Parly-en-Puisaye, 1996.

Une première édition de « L'encore aveugle » a été publiée par Festina Lente à Paris, avec des peintures tantriques originales, en 1997.

Dix-neuf poèmes de « La pluie d'été » constituent le livre *La pluie d'été*, publié en 1999 par les Éditions de la Sétérée à Crest, Drôme, avec des sérigraphies originales de François de Asis.

« Les planches courbes » ont paru en première édition, avec des lithographies originales de Farhad Ostovani, aux Éditions des Arts et Lettres, Vevey, Suisse, en 1998.

« À même rive » a été imprimé hors commerce en italien et en français par les soins d'Enzo Crea à Rome, en l'an 2000, sous le titre *A stessa sponda*.

« La voix lointaine » figure dans *La pioggia d'estate*, publié en italien et en français par les Edizioni del Bradipo, à Lupo, Italie, 2001, avec une lithographie originale et des illustrations de Farhad Ostovani.

# YVES BONNEFOY

Né le 24 juin 1923, à Tours.

Études secondaires, puis de mathématiques et de philosophie à Tours, Poitiers et Paris.

À Paris depuis 1944. Voyages, notamment en Méditerranée et en Amérique. Travaux sur l'histoire des formes et de moments de la poétique.

Invitations de diverses universités depuis 1960. Professeur au Collège de France de 1981 à 1993.


PRINCIPAUX OUVRAGES PUBLIÉS

POÉSIE, RÉCITS

*Traité du Pianiste*, La Révolution la nuit, 1946.
*Du mouvement et de l'immobilité de Douve*, Mercure de France, 1953.
*Hier régnant désert*, Mercure de France, 1958.
*Anti-Platon*, Galerie Maeght, 1962.
*Pierre écrite*, Mercure de France, 1965.
*L'Arrière-pays*, Skira, 1972, Gallimard, 2003.
*Dans le leurre du seuil*, Mercure de France, 1975.

*Rue traversière*, Mercure de France, 1977.

*Poèmes (1947-1975)*, Mercure de France, 1978.

*Ce qui fut sans lumière*, Mercure de France, 1987.

*Récits en rêve*, Mercure de France, 1987.

*Début et fin de la neige*, suivi de *Là où retombe la flèche*, Mercure de France, 1991.

*La Vie errante*, suivi de *Une autre époque de l'écriture*, Mercure de France, 1993.

*L'Encore aveugle*, Festina lente, 1997.

*La Pluie d'été*, La Sétérée, 1999.

*Le Théâtre des enfants*, William Blake & Co, 2001.

*Le Cœur-espace*, Farrago, 2001.

*Les Planches courbes*, Mercure de France, 2008.

*La Longue Chaîne de l'ancre*, Mercure de France, 2008.

*Raturer outre*, suivi de *Soient Amour et Psyché*, Galilée, 2009.

*L'Heure présente*, Mercure de France, 2011.

*Le Digamma*, Galilée, 2012.

*La Grande Ourse* suivi de *Dedans, dehors ?*, Galilée, 2015.


ESSAIS


*Peintures murales de la France gothique*, Paul Hartmann, 1954.

*L'Improbable*, Mercure de France, 1959.

*Arthur Rimbaud*, Le Seuil, 1961, nouvelle éd. 1994.

*Un rêve fait à Mantoue*, Mercure de France, 1967.

*Rome 1630 : l'horizon du premier baroque*, Flammarion, 1970, nouvelle éd. 2000.

*L'Ordalie*, Galerie Maeght, 1975.

*Le Nuage rouge*, Mercure de France, 1977, nouvelle éd. 1992.

*Trois remarques sur la couleur*, Thierry Bouchard, 1977.

*L'Improbable*, suivi de *Un rêve fait à Mantoue*, nouvelle éd., Mercure de France, 1980 (Folio essais, 1992).

*La Présence et l'Image* (leçon inaugurale de la chaire d'Études, comparées de la fonction poétique au Collège de France), Mercure de France, 1983.

*La Vérité de parole*, Mercure de France, 1988.

*Sur un sculpteur et des peintres*, Plon, 1989.

*Entretiens sur la poésie (1972-1990)*, Mercure de France, 1990.

*Alberto Giacometti, Biographie d'une œuvre*, Flammarion, 1991.

*Alechinsky, les Traversées*, Fata Morgana, 1992, nouvelle éd. 2009.

*Remarques sur le dessin*, Mercure de France, 1993.

*Palézieux*, Skira, 1994 (avec Florian Rodari).

*La Vérité de parole*, suivi d'essais provenant du *Nuage rouge*, Folio essais, 1995.

*Dessin, couleur et lumière*, Mercure de France, 1995 (nouvelle éd. précédée des autres essais du *Nuage rouge*, Folio essais, 1999).

*La Journée d'Alexandre Hollan*, Le Temps qu'il fait, 1995.

*Théâtre et poésie : Shakespeare et Yeats*, Mercure de France, 1998.

*Lieux et destins de l'image* (un cours de poétique au Collège de France), Le Seuil, 1999.

*La Communauté des traducteurs*, Presses universitaires de Strasbourg, 2000.

*L'Enseignement et l'exemple de Leopardi*, William Blake & Co, 2001.

*André Breton à l'avant de soi*, Farrago, 2001.

*Poésie et Architecture*, William Blake & Co, 2001.

*Sous l'horizon du langage*, Mercure de France, 2002.

*Remarques sur le regard*, Calmann-Lévy, 2002.

*La Hantise du ptyx*, William Blake & Co, 2003.

*Le Nom du roi d'Asiné*, Virgile, 2003.

*Le Poète et « le flot mouvant des multitudes »*, Bibliothèque nationale de France, 2003.

*L'Arbre au-delà des images, Alexandre Hollan*, William Blake & Co, 2003.

*Goya, Baudelaire et la poésie*, entretiens avec Jean Starobinski, La Dogana, 2004.

*Feuillée*, avec Gérard Titus-Carmel, Le Temps qu'il fait, 2004.

*Le Sommeil de personne*, William Blake & Co, 2004.

*Assentiments et partages*, exposition du musée des Beaux-Arts de Tours, William Blake & Co, 2005.

*Goya : les peintures noires*, William Blake & Co, 2006.

*L'Imaginaire métaphysique*, Le Seuil, 2006.

*La Stratégie de l'énigme*, Galilée, 2006.

*Dans un débris de miroir*, Galilée, 2006.

*Le Secret de la pénultième*, Abstème et Bobance, 2006.

*L'Amitié et la Réflexion*, Presses universitaires François Rabelais, 2007.

*Ce qui alarma Paul Celan*, Galilée, 2007.

*L'Alliance de la poésie et de la musique*, Galilée, 2007.

*Raymond Mason : la liberté de l'esprit*, Galilée, 2007.

*Une variante de la sortie du jardin*, William Blake & Co, 2008.

*Le Grand Espace*, Galilée, 2008.

*Traité du pianiste et autres écrits anciens*, Mercure de France, 2008.

*La Vénitienne*, Virgile, 2008.

*Notre besoin de Rimbaud*, Le Seuil, 2009.

*Art et nature : les enjeux de leur relation*, Pagine Arte, 2009.

*Deux scènes et notes conjointes*, Galilée, 2009.

*Farhad Ostovani : variations Goldberg*, Pagine Arte, 2009.

*La Communauté des critiques*, Presses universitaires de Strasbourg, 2010.

*Genève 1993*, Herne, 2010.

*Pensées d'étoffe ou d'argile*, Herne, 2010.

*L'Inachevable : entretiens sur la poésie (1990-2010)*, Albin Michel, 2010.

*La Beauté dès le premier jour*, William Blake & Co, 2010.

*Le Lieu d'herbes, le lac au loin* suivi de *Mes souvenirs d'Arménie*, Galilée, 2010.

*Le siècle où la parole a été victime*, Mercure de France, 2010.

*Alberto Magnelli : pierres*, Ides et Calendes, 2011.

*Sous le signe de Baudelaire*, Gallimard, 2011.

*Plusieurs raisons de peindre des arbres*, avec Agnès Prévost, Éditions de Corlevour, 2012.

*L'Autre Langue à portée de voix*, Le Seuil, 2013.

*Le Graal sans la légende*, Galilée, 2013.

*Portraits aux trois crayons*, Galilée, 2013.

*Orlando furioso, guarito. De l'Arioste à Shakespeare*, Mercure de France, 2013.

*L'imaginaire métaphysique*, Seuil, 2013.

*Farhad Ostavani*, Éditions des Cendres, 2013.

*Chemins ouvrant*, avec Gérard Titus-Carmel, L'Atelier contemporain, 2014.

*Poésie et photographie*, Galilée, 2014.

*Le siècle de Baudelaire*, Seuil, 2014.

*Shakespeare : théâtre et poésie*, Gallimard, 2014.


TRADUCTIONS


*Henri IV (I), Jules César, Hamlet, Le Conte d'hiver, Vénus et Adonis, Le Viol de Lucrèce*, Club français du Livre, 1957-1960.

*Jules César*, Mercure de France, 1960 (nouvelle éd. précédée de « Brutus ou le rendez-vous à Philippes », Mercure de France et Folio théâtre, 1995).

*Hamlet*, suivi d'une « Idée de la traduction », Mercure de France, 1962 (nouvelle éd. 1988).

*Le Roi Lear*, Mercure de France, 1965 ; nouvelle éd. précédée de « Comment traduire Shakespeare ? », 1991.

*Roméo et Juliette*, Mercure de France, 1968 (nouvelle éd. Folio classique, 2001).

*Hamlet, Le Roi Lear*, précédé de « *Readiness, ripeness :* Hamlet, Lear », Folio classique, 1978.

*Henri IV* (I), Théâtre de Carouge, Genève, 1981.

*Macbeth*, Mercure de France, 1983.

*Roméo et Juliette, Macbeth*, précédé de « L'inquiétude de Shakespeare », Folio classique, 1985.

*Les Poèmes de Shakespeare (Vénus et Adonis, Le Viol de Lucrèce, Phénix et Colombe)*, précédé de « Traduire en vers ou en prose », Mercure de France, 1993.

*Le Conte d'hiver*, précédé de « "Art et Nature" : l'arrière-plan du *Conte d'hiver* », Mercure de France, 1994 (Folio théâtre, 1996).

*Vingt-quatre sonnets de Shakespeare*, suivi de « Traduire les sonnets de Shakespeare », Thierry Bouchard et Yves Prié, 1996.

*La Tempête*, précédé de « Une journée dans la vie de Prospéro », Folio théâtre, 1997.

*Antoine et Cléopâtre*, précédé de « La noblesse de Cléopâtre », Folio théâtre, 1999.

*Othello*, précédé de « La tête penchée de Desdémone », Folio théâtre, 2001.

*Comme il vous plaira*, Livre de Poche, 2003.

*Les Sonnets, Vénus et Adonis, Le Viol de Lucrèce, Phénix et Colombe*, précédés de « Les sonnets de Shakespeare et la pensée de la poésie », Poésie/Gallimard, 2007.

*Quarante-cinq poèmes de Yeats*, suivi de *La Résurrection*, Hermann, 1989 (Poésie/Gallimard, 1993).

*Trois des derniers poèmes de John Donne*, Thierry Bouchard et Yves Prié, 1994.

*Keats et Leopardi*. Quelques traductions nouvelles, Mercure de France, 2000.

*Je vois sans yeux et sans bouche je crie*, vingt-quatre sonnets de Pétrarque, Galilée, 2012.

ÉDITION

*Dictionnaire des mythologies et des religions des sociétés traditionnelles et du monde antique*, 2 vol., Flammarion, 1981, nouvelle éd. 1999.

# CE QUI FUT
# SANS LUMIÈRE

## I

## II

## DÉBUT ET FIN
## DE LA NEIGE


### LA GRANDE NEIGE

# LA VIE ERRANTE

## « LIS LE LIVRE ! »

## LA VIE ERRANTE

## LES RAISINS DE ZEUXIS

# LES PLANCHES COURBES

## LA PLUIE D'ÉTÉ

## JETER DES PIERRES

## DOSSIER

*Ce volume,*
*le cinq centième de la collection Poésie*
*a été composé par Nord Compo*
*et achevé d'imprimer sur les presses*
*de l'imprimerie Novoprint,*
*le 22 septembre 2015.*
*Dépôt légal : septembre 2015*

ISBN 978-2-07-046655-9/. Imprimé en Espagne.

**288303**